3倍速培养

让中层管理团队快速强大

李祖滨 李锐 ◎ 著

TRIPLE SPEED TALENT DEVELOPMENT

Rapidly Strengthen Middle Management Teams

图书在版编目（CIP）数据

3 倍速培养：让中层管理团队快速强大 / 李祖滨，李锐著 . -- 北京：机械工业出版社，2022.5（2025.6 重印）
ISBN 978-7-111-70895-7

I.① 3… II.①李… ②李… III.①企业管理 - 人才管理 IV.① F272.92

中国版本图书馆 CIP 数据核字（2022）第 089528 号

3 倍速培养：让中层管理团队快速强大

| 出版发行：机械工业出版社（北京市西城区百万庄大街 22 号 邮政编码：100037） |
| 责任编辑：高珊珊 责任校对：殷 虹 |
| 印 刷：三河市宏达印刷有限公司 版 次：2025 年 6 月第 1 版第 9 次印刷 |
| 开 本：170mm×240mm 1/16 印 张：12.25 |
| 书 号：ISBN 978-7-111-70895-7 定 价：69.00 元 |

客服电话：（010）88361066 68326294

版权所有·侵权必究
封底无防伪标均为盗版

Triple Speed Talent Development

目录

总序　2040年，让中国人力资源管理领先世界
前言　人才培养速度决定企业发展速度

第1章　人才培养重在速度　1
人才培养速度决定企业成长速度　1
超前于业务的人才培养　3
大胆超编的人才培养配置　5
几近浪费的人才培养投入　7
从管培生到高管的人才培养　9
培养中层是企业成功复制、并购的保障　11
本章小结　14

第2章　3倍速人才培养模型　16
培养值得培养的人　22
让有培养能力的人来培养　28
培养能够培养的能力　34
在实践中培养　37

第 3 章　管培生"拔苗助长"式培养　　47

管培生 3 倍速培养模型　　48

以高管的标准招聘管培生　　49

管培生 3 倍速成长六阶段　　52

第 4 章　优秀骨干快速管理转身　　80

优秀骨干 3 倍速培养模型　　80

不是所有优秀骨干都能被培养成管理者　　83

重点培养优秀骨干的管理能力　　87

在实践中培养优秀骨干　　94

第 5 章　现任管理者充电续航　　106

优秀现任管理者 3 倍速培养模型　　107

不是所有的现任管理者都值得培养　　108

在实践中培养持续奋斗的现任管理者　　114

外派充电学习　　121

第 6 章　新进管理者安全着陆　　125

容易忽视的着陆风险　　126

新进管理者 3 倍速培养模型　　127

聚焦值得培养的能力　　131

新进管理者安全着陆四步法　　132

第 7 章　像做销售计划一样做培养计划　　144

驱动战略的 3 倍速人才培养计划　　145

让人才培养计划像销售计划一样落地　　150

参考文献　　159

Triple Speed Talent Development

总序

2040年，让中国人力资源管理领先世界

南丁格尔的启示

因为我出生在国际护士节5月12日这一天，还因为我的母亲做了一辈子的护士，所以我对被称为"世界上第一个真正的女护士"的南丁格尔一直有着好奇和关注。2018年10月，我在英国伦敦独自一人参观了南丁格尔博物馆。博物馆在圣托马斯医院内，面积约300平方米，里面不但模拟了当时战场上的行军床、灯光，还模拟了枪炮声以及战场伤员痛苦的叫喊声。博物馆内一个展柜吸引了我的注意，上面写着"She is a writer"（她是一位作家），她一生留下了20多万字的有关护理工作的记录，其中不仅有南丁格尔记录护理经历的63封书信、札记，还有她的《护理札记》《医院札记》《健康护理与疾病札记》等多部专著。这给了我很大的触动：南丁格尔也许并不是第一个上战场做护理的人，也不是救治伤员数量最多的人，但因为她是记录护理工作最早、最多的人，她以事实、数据和观察为根据，总结了护理工作的细节、原则、经验和护理

培训方法等，并把这些记录写成书流传下来，向全球传播，为护理工作发展和护理科学做出了重要的贡献，所以她是当之无愧的护理学奠基人。

这一年，我和我的团队已经完成了"人才领先战略"系列第三本书的写作，参观南丁格尔博物馆的经历更加坚定了我写书的信念，我们要写更多的书，为中国、中国企业、中国的人力资源管理做出我们的贡献，不辜负这个时代赋予我们的使命！

"人才时代"已到来

从增量经济到存量经济

改革开放 40 多年，中国经济发展可以粗略分为"增量经济时代"和"存量经济时代"两个阶段。

第一阶段是 1978 ~ 2008 年，是需求拉动增长的"增量经济时代"。此阶段中国经济形势大好，很多企业即使不懂经营和管理，也能做大规模，获得经济大势的红利。企业似乎只要能够生产出产品，就不愁卖不出去，轻易就可以获取源源不断的收入和利润。在这个阶段，规模、速度、多元化是企业的核心关注点。内部管理是否精细并不重要。

第二阶段是 2008 年之后，中国转向"存量经济时代"，城镇化和工业化增速放缓，造成整体市场需求增长趋缓，竞争越发激烈。过去那些不注重内部管理只追求规模的企业，那些为做大规模过度使用金融杠杆的企业，那些仅靠赚取大势红利生存的企业，这时都遭遇难赢利甚至难生存的危机。特别是中美贸易摩擦和新冠疫情让企业的可持续增长面临越来越大的压力。如何调整自身以应对新时代的挑战？如何在新时代找到增长与竞争的新的成功逻辑？这是所有企业都需要解决的新问题。

时代给出了答案并做出了倾向性的选择。在"存量经济时代"，越来越多的企业意识到人才的重要性，对人才的渴望也达到了空前的水平，企业家们发现唯有充分利用"人才红利"才能实现企业在新时代的突围，企业在新时代乃至可预见的未来应该倚重的不是金融资本、自然资源和政策，而是越来越稀缺的各类人才。

个体价值崛起

2014年，众多公司开始推行"合伙人计划"。自万科推行事业合伙人以来，"合伙人"一时风靡于各行各业，被大大小小的企业所追随。"合伙人计划"的背后，是将"人"作为一种资本，"人"与物质资本、金融资本一样，能够平等拥有对剩余价值的分配权，不仅如此，还可以参与企业的经营和决策，这是一种个体价值的崛起！

企业家们发现，在这个时代，"人"靠知识、能力、智慧对企业价值的创造起到了主导甚至决定性的作用，"人"的价值成为衡量企业整体竞争力的标志。人与企业之间从单纯的"雇佣关系"变成"合伙关系""合作关系"，这也体现了企业家们重视并尊重"人"创造的价值。海尔实行的"公司平台化、员工创客化"组织变革渐渐让我们看到了未来"不再是企业雇用员工，而是员工雇用企业，人人都是CEO"这样的雇佣关系的反转。

从以"事"为中心转向以"人"为中心

在人和事之间，传统的管理理论一直认为人处于"从属"地位，我们认为这是工业时代的管理思维决定的。在工业时代,因为外部环境的变化较小,不确定性不是那么强,对"事"的趋势性预测相对比较准确,外部的机会确实也比较多,人对企业发展的作用相比物质资本、金融资本确实会小一些,所以大部分企业家在企业管理上仍以"事"为中心。

但是,到了"存量经济时代",外部环境风云莫测,不确定性和不可预测性显著上升。同时,随着个体价值崛起,人才对企业发展的重要性已经显著超过其他资本。我们发现,那些优秀企业也早已在积极践行以"人"为中心的管理战略。谷歌前CEO埃里克·施密特在《重新定义公司》中讲道:"谷歌的战略是没有战略,他们相信人才的力量,依赖人才获得的技术洞见去开展新业务,不断地进行创造和突破,用创造力驱动公司的增长。"在国内,华为、腾讯、字节跳动、小米等标杆企业在践行"人才是最高战略"的过程中构筑了足够高的人才势能,它们通过持续精进人才管理能力,重金投入经营人才,不断强化人才壁垒,获得了越来越大的竞争优势。

很多企业家说他们缺兵少将,我们研究发现这是非常普遍的现象,而造成这一现象的根本原因是"重视人才的企业越来越多,加入人才争夺的企业越来越多,而人才供应的速度跟不上企业对人才需求的增长速度",所以人才缺乏问题就比较严重。当今的企业在人才争夺上,面临着前所未有的挑战,我们发现那些优秀的企业都在竭尽所能地重视人,不计成本地争夺人,不顾一切地投资人,千方百计地激励人,人才正在向那些重视人和投资人的企业集聚。

所以,在新时代,企业要生存、要发展,"以人才为中心"不是"要不要做"的选择题,而是"不得不做"的必答题,否则人才将离你远去。

即使很多企业已经开始转向以"人才"为中心，但是很多企业在人力资源管理上的思维仍然停留在工业时代，存在着诸多误区。

人才管理的三大误区

误区一：不敢给高固定薪酬

纵观当下，采用低固定薪酬策略的企业通常都沦为普通企业或者昙花一现的企业，而优秀企业通常采用高固定薪酬策略。从低固定薪酬转向高固定薪酬的障碍就是中国人力资源管理转型的最大鸿沟，如图 P-1 所示。

图 P-1　中国人力资源管理转型的薪酬鸿沟

误区二：以考核取代管理

这个误区的根源是长期对"以考核取代管理"路径的依赖，以及由此产生的一系列人力资源管理的做法。这种路径依赖让企业习惯基于绩效考核的结果来发放薪酬，这种薪酬发放方式自然而然地产生"低固定、高浮动"的薪酬结构。

这种路径依赖也让企业产生"雇佣兵"思维,缺人就紧急招聘,做不出业绩就没有奖金或提成,而以这种薪酬结构又极难招到优秀人才(见图 P-2)。久而久之,企业就失去了打造优秀组织能力的机会和能力,使得企业在当前和未来的新经济形势下举步维艰。

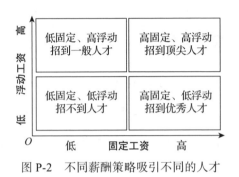

图 P-2 不同薪酬策略吸引不同的人才

误区三:以人才激励代替人才选择

激励的目的是让员工产出高绩效,很多人在研究激励,企业也在变着花样地优化自己的激励体系。然而我极少看到有企业家对自己企业实行的激励机制感到满意,那些对激励机制感到满意的企业往往不是因为激励本身,而是因为企业打造的人才队伍和组织能力。

事实上,员工的绩效在你聘用他的那一刻就已经基本确定了。我经常做一个类比:如果农夫选择了青稞种子,那无论如何精心地耕种和照料,也无法产出杂交水稻的产量。基于长期大量的观察、研究和咨询实践,我发现企业选择员工就像农夫选择种子,在选择的那一刻也就基本确定了收成。

21世纪第一竞争战略：人才领先战略

人才领先战略是什么

"人才领先战略"是一个完整的管理体系，它包含了企业成为领先企业的成功逻辑，其所要表达的核心思想就是"如果在人才方面优先投入和配置，那企业的发展将会有事半功倍的效果"。

我们认为，基于长期主义的思维，如果企业能够聚焦于人，将资源优先投入人才管理，企业就会获得成倍于同行的发展速度、成倍于同行的利润收益；随着企业规模的扩大，企业家和管理者的工作量不仅不需要成倍增加，反而会更加轻松和从容。我们把"人才领先战略"翻译成英文"talent leading strategy"，这是一个先有中文后有英文的管理学新词，在西方成熟的管理体系中还未出现过。

完整的"人才领先战略"体系包括四大部分（见图 P-3）。

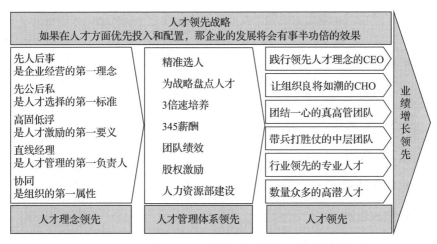

图 P-3　人才领先战略模型

1. 人才理念领先

优秀企业领先于一般企业的关键是拥有领先的人才理念和足够多的优秀管理人才。

企业家和企业高管需要摒弃陈旧的、过时的、片面的、错误的人才理念，使用符合时代特征和要求的人才领先战略的理念武装自己。

在新的时代背景下，我们为中国企业家萃取了领先的人才理念：

- "先人后事"是企业经营的第一理念。
- "先公后私"是人才选择的第一标准。
- "高固低浮"是人才激励的第一要义。
- "直线经理"是人才管理的第一负责人。
- "协同"是组织的第一属性。

2. 人才管理体系领先

为了使中国企业做大做强，我们帮助企业建立了领先的人才管理体系：

- 精准选人。
- 为战略盘点人才。
- 3倍速培养。
- 345薪酬。
- 团队绩效。
- 股权激励。
- 人力资源部建设。

拥有领先的人才管理体系，企业相比同行和竞争对手：

在人才选择方面,能吸引、识别并选拔出更多优秀的人才。

在人才决策方面,以基于战略的人才盘点作为公司人才决策的主要依据。

在人才培养方面,更加精准与快速地培养出公司战略发展需要的人才。

在薪酬方面,能以同样的激励成本获取更高的人效。

在绩效管理方面,能提高促进团队协作、组织协同的团队绩效。

在股权激励方面,企业要慎重使用股权激励,以"小额、高频、永续"模式让股权激励效果最大化。

在人力资源部建设方面,更能够让人力资源部走向台前,成为组织能力建设的核心部门。

3. 人才领先

企业拥有以下六个方面的人才,就做到了人才领先:

- 践行领先人才理念的 CEO。
- 让组织良将如潮的 CHO。
- 团结一心的真高管团队。
- 带兵打胜仗的中层团队。
- 行业领先的专业人才。
- 数量众多的高潜人才。

4. 业绩增长领先

企业拥有了上述六个方面的人才领先就能做到:企业良将如潮!业绩增长领先!

谁能把企业做强做大

未来市场将经历洗牌的过程,在无数次给企业家讲课时,我明确说道:"未来 20 年,一家企业如果没有进入行业前十就没有生存权,如果没有进入行业前三就没有安全感。没有进入前十的企业都会被淘汰出局。"

在供给过剩的经济环境下,每家企业都在拼命地奔跑,做强做大才能长久生存。那么谁能将企业做强做大呢(见图 P-4)?

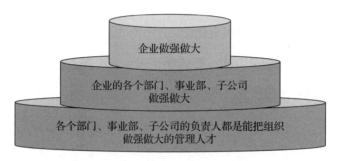

图 P-4　企业做强做大逻辑模型

第一,企业做强做大,一定取决于企业的各个部门、事业部、子公司能够做强做大。企业一定不可能出现这样的情况。各个部门、事业部、子公司没有做强做大,结果企业却做强做大。这种情况不符合逻辑。

第二,企业的各个部门、事业部、子公司能够做强做大,一定取决于各个部门、事业部、子公司的负责人都是能把组织做强做大的管理人才。企业一定也不可能出现这样的情况:各个部门、事业部、子公司的负责人不善管理,不具备让自己的部门、事业部、子公司做强做大的能力,结果他负责的部门、事业部、子公司却做强做大了。这种情况也不符合逻辑。

第三,能把自己的部门、事业部、子公司做强做大的人是优秀的管理人才,他能不断从外面吸引招聘人才,他能持续在内部培养出人才,他能激励人才做出贡献，他能把人才团结到一起，实现高效协同。

第四，能把企业做强做大的是管理人才，能领导自己的部门、事业部、子公司做强做大的人是优秀的中层管理人才。

企业家面对人才管理问题时，重心是什么？从哪里入手？我的观点是："擒贼先擒王，招聘先招将；打蛇打七寸，重点在中层。"

因此，企业要做强做大，需要关注的人才是：第一，管理人才；第二，专业人才；第三，高潜人才。其中70%的重心应该在中层管理人才。

能把企业做强做大的关键是拥有数量充足的优秀中层管理人才。

为使命而写书

从第一本书《聚焦于人：人力资源领先战略》开始，我们历时数年陆续写了《精准选人：提升企业利润的关键》《股权金字塔：揭示企业股权激励成功的秘诀》《345薪酬：提升人效跑赢大势》《重构绩效：用团队绩效塑造组织能力》《找对首席人才官：企业家打造组织能力的关键》《人才盘点：盘出人效和利润》《人效冠军：高质量增长的先锋》《人才画像：让招聘准确率倍增》《3倍速培养：让中层管理团队快速强大》等一系列人才领先战略图书，2023年我们还会陆续出版《双高企业文化：让企业文化简单有效》《校园招聘2.0》等书。我们秉持每一本书的每个理念、方法、工具和案例都聚焦于人，努力向企业家详细介绍如何系统实施"人才领先战略"，为企业家指出事半功倍的企业成功路径。

曾有企业家和朋友问我："你们写这么多书的动力是什么？"我发自内心地回答说："是为了2040年的使命！"实际上，我们写书有三个动力。

让勤奋的中国企业少走弯路

多数中国企业的快速发展依赖于勤奋，但疏于效率；中国的企业家很喜欢学习，但学习的课程良莠不齐难辨好坏。近几年，中国的企业家对人力资源管理的关注热情越来越高，然而人力资源书籍要么偏重宏观理论，要么偏重操作细节，基于企业家视角，上能贯通经营战略，下能讲透落地执行的人力资源图书十分匮乏。为此，我将德锐咨询的书的读者定位为企业家。

我之所以能自信于我们德锐团队对中国企业人力资源管理的需求、痛点、难点的洞察，之所以能自信于我对全球领先企业的成功做法与实践的识别，一方面因为我在沃尔玛从事人力资源管理的工作经历，让我能够识别国内外优秀企业的共性特征。此外，德锐咨询善于整理案例，萃取精华，建立模型，撰写成书，然后向更多的企业进行推广，让更多的企业能够更方便地学习、掌握并运用先进的做法，避免经历过多的寻找、试错、再寻找的重复过程并减少浪费。

另一方面因为我们每年都会接触上千位企业家，与数百位企业家进行深度交流，我也特别重视主持和参与企业家私董会的问题研讨，这让我们接触到各种类型的企业、各个发展阶段面临的组织发展和人才管理的各种问题。这确保了我们对问题、需求有充分的了解。

我们以最广泛的方式学习、收集世界500强企业的领先做法和中国各行业头部企业的成功实践经验，也包括我们每年咨询服务的上百家企业，它们大多是各行业、各细分领域的领先企业，虽然有各自需要提升的方面，但也都有自己的优秀做法。我们利用自己快速学习、提炼归纳的优势，总结组织发展和人才管理的各种方法论。

让更多企业用上世界领先的管理方法

在写书的过程中，我反复向创作团队强调：不要保密！不要担心同行学会了和我们竞争抢业务，不要担心企业家和 HR 读懂了我们的书并且会做了，就不会找我们做管理咨询。德锐咨询要对自己的研发有自信，我们不断研究和创新，研究企业新遇到的问题，研究出行业中还给不出的解决方案，这是"人无我有"；我们还要对行业中另一种情况进行研究，比如，有咨询同行在提供咨询服务，但是理念和方法落后，对企业效果不佳，德锐咨询研究出比同行更与时俱进、更能解决企业实际问题的解决方案，这是"人有我优"。总有优秀的企业希望建立人才先发优势，用到我们领先的咨询产品；总有优秀的企业能拨开迷雾，识别出我们从根本上解决问题的系统性解决方案。以"不要保密"的开放精神去写书，是要让更多的优秀企业和想走向优秀的企业知道，德锐咨询能帮助企业找到更好的方法。

我们写书创作时秉持的宗旨是：让读者在理念上醍醐灌顶，操作上读了就会。我们坚持：总结西方管理的领先理念、世界 500 强企业的成功经验、中国头部企业的经典案例、中小企业的最佳实践，萃取其成功背后的逻辑，构建普适性模型，将应用方法工具化、表格化、话术化。

让中国人力资源管理领先世界

写书过程的艰难、痛苦只有写了书才知道。在德锐咨询的各种工作中，写书是最艰难的事情。我们过去能坚持下来，未来还将坚持下去，皆因德锐咨询的使命——"2040 年，让中国人力资源管理领先世界"。我们希望在不久的将来中国能成为世界上最大的经济体,不只是规模上的世界领先,更应该是最强的经济体,应该是人均产值、人均利润的领先。这就需要更多的中国企业成为效率领先的企业,成为管理领先的企业,成为人力资源管理领先的企业。作为一家专注于人力资源管理领域的咨询公司,德锐咨询决心承担起这一使命,呼吁更多的企业家、管理者一起通过长期的努力奋斗,不断提升中国企业的人力资源管理水平,直至实现"让中国人力资源管理领先世界"。

我们的用心得到了很多企业家朋友和读者真诚的反馈。现在,我经常会收到一些企业家、企业高管发来的信息:

"这次去美国只带了《精准选人》,深刻领悟了你的观点。"

"我买了100本你的《聚焦于人》,我把这本书当作春节礼物送给我的企业家朋友。"

"我给我的所有中层都买了你的《人效冠军》,让他们每个人写读书心得。"

"我们企业家学习小组正在读你的《重构绩效》,15个人每周读书打卡。"

"感谢李老师的《股权金字塔》,我们公司正在参考你的书做股权激励方案。"

"谢谢你们无私的奉献,《人才画像》里面写的方法、工具,是我招聘时一直在寻找却一直没有找到的,你们把这种方法写了出来,很实用!"

"以前我总以为我的一些想法是错的,看了你的书,验证了我的一些成功实践,在人才管理方面有了新的思路。我个人不太喜欢看书,但你的书我特别喜欢!我已经买了你所有的书,已经读完了9本,两个月内能全部读完。"

这些反馈让我和我的同事感到十分欣慰,这又成了我们持续写书、持续为企业家写书的动力。

为此,2019年我和合伙人团队达成一致,坚定地把持续研究、撰写"人才领先战略"的专业书作为公司一项长期的战略任务。我们已经在"十三五"期间完成了13本书的翻译和撰写。2020年底,当我们在制定"十四五"期间的规划时,也制订了一个宏伟的研究写书计划:"十四五"期间写25本,"十五五"期间写50本,到2030年我们总计要完成"人才领先战略"系列丛书88本的写作。

决心和勇气

每家企业都想成为优秀企业,但并不是每家企业都有践行优秀企业做法的决心和勇气。在过去的十年中,我向上万人介绍过"人才领先战略",很多人听到后认为它逻辑合理,但我们发现真正要践行的时候,很多企业又开始犹豫了。

为什么会犹豫?很多企业家说:"周围的企业都还在用'低固定、高浮动'的薪酬结构,我要冒这个风险吗?我如果用'高固定、低浮动'"的薪酬结构,给错人怎么办?给了高薪酬人又离开了怎么办?给了高薪酬之后他依然做不出更大的贡献怎么办?公司的人力成本过高,影响经营怎么办?"甚至有的企业家说:"如果我给了高固定工资,别人都托关系把人推到我这边安排工作怎么办？"之所以产生诸如此类的担心和顾虑，是因为大多数人对变化带来的风险损失进行了过多的考虑和防范，而对于已经蒙受的损失，却有着过高的容忍度。

企业家要跨越鸿沟，需要有决心和勇气。

其实企业家不缺乏决心和勇气。企业家有买地、建厂房、买设备、并购企业的决心和勇气，但这些都是没有腿、没有脑，自己走不了的：厂房坏了还在那儿待着，设备旧了还在那儿趴着，并购的企业烂了还在手中。

很多企业家缺乏的是招聘和培养人才，给出高固定工资以及让不合适的人离开的决心和勇气。因为人是有腿有脑，有主观能动性的，当对象发生变化的时候，我们就会被成功的概率所困扰。因此在人的方面，企业家要用概率思维去估量得失，不能只关注损失，更要关注获得。比如人才培养，我们不能只看培养后走的人，更应该看培养后留下来的人，看到那些已经成为栋梁、为企业创造价值的人。如果我们不培养，就很难有收获；如果我们在培养上下了功夫，即使有人走了，我们还收获了留下来的。

企业家对人要有信心，要去信任和激发人性中积极的方面，在人的方面要勇于尝试，只有勇于承担用人造成的损失，才能赢得人才战争的胜利。

为什么有些企业家缺乏分享的勇气？这是因为他们想当富豪。为什么有些企业家不敢淘汰人？这是因为他们想当"好人"。真正的企业家，应该放弃当富豪、当"好人"的想法。当真正处于企业家角色的时候，放弃这些都是轻而易举的，践行领先人才理念的决心和勇气会油然而生。

今天的"人才领先战略"能否在企业实施落地,关键看企业家面对现在的经济环境有没有决心和勇气。

德锐咨询"人才领先战略"所介绍的理念、工具和方法,都是持续优秀的卓越企业的做法,并不是大众企业的做法。但这是不是意味着德锐咨询的研究不符合大众企业的利益和需求?

每当我们问企业家"你想让自己的企业成为一个昙花一现的企业、垂死苟活的企业,还是成为优秀的企业,或者持续优秀的卓越企业"?所有企业家都说,希望自己的企业能成为行业领先企业,成为区域领先、全国领先企业,甚至成为世界领先企业,所有的企业家都怀着要打造优秀企业、打造卓越企业的情怀与梦想。所以德锐咨询为大众企业提供了如何成为优秀企业、卓越企业的领先理念、正确方法、有效工具,这正符合了大众企业的真正需求。但是,能成为优秀企业和持续优秀的卓越企业的并不多,原因就在于许多企业缺乏在人才上下赌注的勇气,没有投资于人的决心。

德锐咨询把优秀企业、持续优秀的卓越企业的做法,通过管理咨询的实践验证、分析研究,提炼、总结成图书、文章,公之于众,帮助更多的中国企业成为区域标杆、行业标杆、全国标杆乃至世界标杆,这就是德锐咨询的责任和使命。

吉姆·柯林斯的新书《卓越基因》中有这样一句话:"没有伟大的人才,再伟大的愿景也是空想。"这是很多企业愿景落空的根本原因,而这和德锐咨询"人才领先战略"系列丛书所想表达和强调的思想是高度一致的。我们希望"人才领先战略"系列丛书的出版,真正能够帮助中国企业家提升人才管理能力，增加在人才上的决心和勇气，成就企业伟大愿景。

以上，是为序。

李祖滨
德锐咨询董事长

Triple Speed Talent
Development

前言

人才培养速度决定企业发展速度

99.9%的企业人才供给跟不上企业业务的发展

过去两年,我对500多家企业进行了一项调查:

A. 我的企业人才供给能支持企业业务的发展。

B. 我的企业人才供给跟不上企业业务的发展。

经统计,选择B的企业达到99.9%,选择A的企业仅为0.1%。大多数企业的创始人、高管和大部分中层,把更多的精力放在了销售推广、开拓市场上,认为只要抓住了市场,企业就能活得很好。但现实情况表明,大多数企业的发展正受困于人才供给不足,具体表现为人才供给速度跟不上企业业务发展和人才质量欠缺。人才供给不足会威胁到企业的生存,更有可能让企业在市场竞争中丧失优势。当然这里的人才供给不是简单的人才数量意义上的外部输血,更多是指在发展过程中企业自身造血能力的建设,因此,除了人才招聘,人才供给更重要的方式在于企业人才培养。

我们过去在服务客户的过程中,经常发现这样的现象:

1. 上市公司业绩倍增却选不出合适的主管去开拓业务,眼睁睁地看着好的商业模式不能变现,被竞争对手抢占商机。

2. 市值千亿元的公司难以选出一个合适的子公司总经理，CEO忧心于老的班子跟不上公司的发展，眼下又无人可用，做用人决策时常常处于被动地位，长期处于降维用人状态。
3. 项目立项时无论如何核算都能赚 5000 万元的项目，最终结果却是亏损 900 万元，问题无他，就是项目经理不合适。

以上场景相信很多企业家并不陌生。

但是，当我们建议企业加大人才培养的投入时，不少企业家或管理者却认为："人才培养速度太慢了，而且投入产出比不高。"

我们对这个问题的回答，就是这本书产生的原因，也是指导我们服务企业提升人才培养能力的指引。

"人才培养是那些致力于长期发展的优秀企业需要坚持做的事情，当前中层管理者短缺，无人可用，不能实现业务目标，一定是两年前、三年前没有做好人才培养。无论多大规模的企业，不对人才进行培养，注定无人可用，难以避免走向衰败。"

沃尔玛 18 个月培养出门店副总经理

10 多年来，我一直在赞叹沃尔玛的人才培养速度，不断分享 2003 年我在沃尔玛南京人力资源部见证过的"临时工 20 个月晋升到门店副总经理"的真实故事：一位临时工因聪慧敏锐和勤奋努力，得到了加速培养，从正式工、熟练工，到主管、经理、高级经理，每一级都快速晋升，从临时工成为沃尔玛购物中心的一名门店副总经理仅用了 20 个月的时间，平均不到 4 个月就晋升一次。

2021 年，我又得知了沃尔玛人才培养的惊人速度，沃尔玛中国建立了"一站式副总经理培养计划"，并且已经成功实施。这意味着，一名大学毕业生，经历试用期、新人实习、定向培养、管培生轮岗、见习副总计划，最后成为管理上百人的沃尔玛购物中心的门店副总经理，只用 18

个月就能培养到位。

这就是16次获得《财富》世界500强排名第一的沃尔玛的人才培养速度。沃尔玛清晰地知道，优秀门店总经理的数量在很大程度上决定了沃尔玛的开店规模，优秀门店总经理的培养速度决定了沃尔玛的发展速度。而门店副总经理的培养为门店总经理的培养提供了充足的人选。

可以看出，为了取得最快的人才培养速度，沃尔玛中国的一站式副总经理培养计划运用了最先进的理念和工具。他们在用精益生产的思想，像生产产品一样精细地制造"人才"，用项目管理最短路径的方式设计门店副总经理的培养路径，用学习路径图工具制定了门店副总经理的18个月最短培养周期。在确保质量的前提下，人才培养速度越快，培养的成本就越低。一向关注成本控制的沃尔玛，在人才培养方面也找到了最高效的方式。

与董事长关于人才培养的问答

一位知名企业董事长，近段时间感知到人才培养成为企业发展的瓶颈，他专门约我在上海陆家嘴的一家酒店大堂见面。我们讨论了近3个小时，全是关于公司人才培养的问题。

董事长问："人才究竟是要靠选择还是靠培养？"

我回答："首先，选正确的人；然后，不遗余力地去培养。"

董事长又问："人才培养应该着重哪个层级的培养？高层、中层还是基层？"

我回答："把人才培养的重心放在中层是最高效的做法。企业通过招聘大量高潜力的基层员工，系统并快速地把他们培养成中层管理者，从中精心选拔出高层。简单来讲就是，**招聘基层，培养中层，选拔高层**。"

把人才培养的重心放在中层的原因有两点：第一，一个企业只要有数量众多、品质优秀的强大中层管理团队，选拔出胜任的高管就不是难事；第二，一个企业要培养出强大的中层管理团队，必须有足够厚实的基层人员队伍，也就是需要招聘大量具备管理能力的员工，并加速培养。在以培养中层为重心的人才培养体系中，培养基层是基础，也是必经之路。

董事长接着又问："那怎样才能做到最快速地培养中层管理团队呢？"

我打开新书《3倍速培养：让中层管理团队快速强大》的书稿，向他展示了"3倍速人才培养模型"。

3倍速人才培养模型

2016年，我们在《聚焦于人：人力资源领先战略》一书中，提出了德锐咨询高效人才培养模型的四个方面：

第一，培养值得培养的人。

第二，让有培养能力的人来培养。

第三，培养能够培养的能力。

第四，在实践中培养。

企业要3倍速培养中层管理团队，必须遵循以上四个方面，针对管培生、内部优秀骨干、现任管理者和外部新进管理者四个群体，每个方面的侧重点不同，具体如表0-1所示。

表0-1 3倍速人才培养模型

中层管理团队来源	培养值得培养的人			让有培养能力的人来培养	培养能够培养的能力	在实践中培养
	冰山上条件	冰山下共性标准	筛选标准			
管培生	有领导力的学生干部经历	1. 先公后私 2. 聪慧敏锐 3. 成就动机 4. 学习突破 5. 团队协作	大胆自信	1. 人力资源部 2. 导师 3. 直线经理	1. 专业知识 2. 行业知识 3. 管理能力	1. 导师制：制订个人发展计划 2. 学习训练营 3. 在职培训 4. 行动学习
内部优秀骨干	专业过硬		影响他人		1. 沟通影响能力 2. 计划统筹能力 3. 团队管理能力	1. 导师赋能 2. 承担管理职责 3. 参加管理会议

(续)

中层管理团队来源	培养值得培养的人			让有培养能力的人来培养	培养能够培养的能力	在实践中培养
	冰山上条件	冰山下共性标准	筛选标准			
现任管理者	业绩达标	1. 先公后私 2. 聪慧敏锐 3. 成就动机 4. 学习突破 5. 团队协作	持续奋斗	1. 人力资源部 2. 导师 3. 直线经理	1. 新知识 2. 新技术 3. 新的管理理念及方法	1. 轮岗 2. 外派充电学习
外部新进管理者	成功管理经历		谦虚开放		1. 企业文化与价值观 2. 战略规划与目标 3. 产品体系与运营流程 4. 企业制度规范 5. 新的人际关系	1. 融入之旅计划 2. 建立人际关系 3. 鼓励发挥优势

培养值得培养的人（培养谁）

培养速度的快慢，甚至能否培养出来，都取决于培养对象的选择。选对培养对象，是"3倍速培养"的前提。

我们分析企业中层管理团队有四个来源：管培生、内部优秀骨干、现任管理者、外部新进管理者。

值得培养并且能培养成为胜任的中层管理者的培养对象，不论来自这四个来源中的哪一个，他们必须符合"冰山下"五个共性标准：

- 先公后私。
- 聪慧敏锐。
- 成就动机。
- 学习突破。
- 团队协作。

同时，他们还要具备各自"冰山上"的条件，比如：

- 管培生（应届生或毕业不超过两年的人员）必须具有担任有领导

力的学生干部的经历。
- 内部优秀骨干（过去可能是优秀的销售人员、研发人员或生产人员）必须专业过硬。
- 现任管理者必须业绩达标。
- 外部新进管理者必须具有成功的管理经历，注意：不是仅仅有管理经历，而是必须识别并确信其有"成功"的管理经历。企业招聘外部管理者，不能只看经历，不去识别经历好坏，要识别"冰山下"的素质，以佐证"冰山上"是不是真正的成功经历。

除此之外，管培生、内部优秀骨干、现任管理者和外部新进管理者能被培养成为企业中胜任的中层管理者，还必须符合各自的筛选标准：

- 管培生必须"大胆自信"。进入企业后，管培生在学校期间具有的领导力能否继续发挥作用，比如，能继续领导年龄比自己大的同事，能说服影响年龄比自己大、职位比自己高的客户等，关键在于发自内心的"大胆自信"。
- 内部优秀骨干必须善于"影响他人"。许多企业都想把内部优秀骨干提拔到管理岗位，认为他们既然能干好销售就能干好销售管理，认为他们既然能干好研发就应该能带好研发团队。其结果经常事与愿违。原因在于，大多数时候这些销售骨干、研发骨干不具备"影响他人"的能力，他们过去通常都是"独行侠"，习惯单打独斗，不善于团队协作，更不善于影响他人和管理他人。这样的"独行侠"被提拔到管理岗位，也不会带领团队，反而让企业"少了一个优秀骨干，多了一个无能的管理者"。
- 现任管理者必须具有"持续奋斗"的精神。不是所有现任管理者都值得培养，有些管理者起初还具有奋斗精神，但随着职位的晋升，工作、生活条件的变化，这类群体往往会滋生怠惰。对这样的管理者，企业不应当继续培养、投入，甚至应将其调离管理岗位，因为只有保持"持续奋斗"精神的管理者才值得培养。
- 外部新进管理者必须有"谦虚开放"的心态。大多数管理者"空降"失败的原因是不够"谦虚开放"。一位在之前的企业有过成功经验的管理者，进入一个新的企业如果没有"谦虚开放"的心态，就难以放低姿态、虚心请教，就无法了解企业的真实情况，不会开始学习新的行业知识或企业产品知识，开展工作就不具备针对性。如果他还像之前那样对下属发号施令，就会招致同事的反感，得不到大家的认可，其工作业绩难以体现，只好逃之夭夭。我们经过多年的观察发现：**"谦虚开放"是外部新进管理者存活并融入企业的必备素质。**

投入更多的时间在培养对象的精准选择上，能让人才培养获得事半功倍的效果。至于如何精准识别值得培养的对象，我的建议是使用行为事件法。行为事件法在本书第2～5章中有相关介绍，在德锐咨询的著作《精准选人：提高企业利润的关键》《人才画像：让招聘准确率倍增》中也有详述。

让有培养能力的人来培养（谁来培养）

在企业人才培养的过程中，尽管企业高层、直线经理、思想导师、专业导师都充当着重要角色，但我们还是认为：人才培养的第一负责人就是直线经理，而不是人力资源部；人力资源部的责任是为企业的人才培养提供制度流程、工具方法和政策资源。正如人力资源管理大师戴维·尤里奇一直强调的：人力资源管理的第一负责人是直线经理，而不是人力资源部。

一个部门的员工和优秀骨干能不能快速成为管理者，一个事业部能不能做到每个板块都有胜任的管理者和继任者，一个企业能不能让每个部门都有胜任的管理者，关键看直线经理有没有人才培养的能力和带队伍的能力。

电视剧《亮剑》中，李云龙的独立团，化整为零后休整不到半年，重新会合起来，竟然有7000余人的兵力，队伍壮大了几倍，这给团长李云龙一个很大的惊喜。一营、二营和三营在休整期间，各自不仅消灭敌人，还壮大了队伍。独立团有了具备人才培养能力的营长，才能培养出更多的人才，壮大队伍。

我们认为，一个优秀培养者需要具备以下几个方面的素质：

- 对他人积极的预期。相信他人经过努力能够提升，能够突破自己。
- 帮助他人成长的热情。愿意为他人的成长投入时间和精力，有耐心观察、分析他人的优劣势，乐于为他人提供反馈辅导，能从帮助他人成长中获得快乐和成就感。
- 打造组织能力的"造钟"意识。具备为组织培养人才、增强组织能力的责任感和能力。

培养能够培养的能力（培养什么）

企业投入大量的精力培养员工的责任心、工作态度、价值观等，却收效甚微。一切皆可培养的思维是错误的。

培养难度大的冰山下素质，应该通过招聘获得；培养难度小的冰山上技能，可以通过培养获得。哪些能力易培养，哪些能力难培养但可培养，哪些能力不可培养，在第2章中有明确的说明。

"选择冰山下，培养冰山上。"这是德锐咨询对企业应该"培养什么"做出的精准阐释。心理学特质论认为，进入职场的人年龄基本在18岁甚至20岁以上，冰山下的价值观、素质和潜力基本都已成形，几乎无法改变。因此，企业对人才能够培养的只是冰山上的知识、专业、技能和经验。

很多企业的做法却背离了上述原则，招聘时只看应聘者冰山上的知识、专业、技能和经验，对冰山下的价值观、素质和潜力没有予以高度关注，招进员工后，又希望通过培训、培养改变其"冰山下"，其结果往往事与愿违。

所以我们提出，"招聘时，放宽冰山上，坚守冰山下；培养时，选择冰山下，培养冰山上"。也就是说，企业要精准选择"冰山下"（价值观、素质和潜力）符合的人才，不遗余力地培养他的"冰山上"（知识、专业、技能和经验）。

只有这样的人才培养才能收到3倍速培养的效果。

在实践中培养（如何培养）

个体的成长方式总体上分为两类：一类是通过培训获得，另一类是通过实践培养。不同的培养对象在不同的阶段需要补足的知识、技能和能力是不同的，对不同的个体应有不同的培养方式。在本书第2章中，我们也做出了详细的研究与有效培养方式归类，无一例外地发现，在个体成长的过程中，在实践中培养发挥着最重要的作用，寄希望于通过培训达到培养目的的做法是错误的。

人才培养本是精雕细刻的过程，为实现个人和组织共同的需要，人才培养却需要加速。3倍速人才培养模型，不仅让人才有3倍速的成长速度，也为企业的可持续增长奠定了基础。3倍速培养就是构建企业3倍的竞争力。

克服3倍速人才培养的障碍

要想获得3倍速人才培养的效果，企业必须走出人才培养的误区。

第一，急于求成的拿来主义，即平时不关注人才培养，急需人才时就临时抱佛脚靠外部选人或者应急式培训临阵上场。短期来看，这种做法成本不高，但是由不胜任造成的间接成本及一些机会成本是极高的。

第二，因噎废食的情况不在少数，有些企业会遇到"翅膀硬了，人才飞了""刚花钱出去给上了课，人却走了"等情况。一方面，企业可以通过机制将这些情况发生的概率降到最低；另一方面，企业也应该看到，比较其创造的价值与企业的投入，培养的投入是值得的。最重要的是，企业应该看到那些被留下的，尤其是那些因为企业提供了培养而留下的优秀人才。

第三，培养就是培训。还有不少企业认为培养无非是舍得花钱，一方面将人才送出去培养，另一方面邀请外部老师进行内训。事实上，高效的人才培养方式，培训发挥的作用只有5%，企业更需要做的是，将重心放在实践中培养。

第四，培养是人力资源部的事情。当发现人才发展落后于业务发展需要时，企业往往将其归咎于人力资源部，并寄希望于通过对人力资源部下达考核指标的方式从根本上解决这一问题。实际上，企业的人才培养水平更大程度上依赖企业家的人才培养水平，直线经理在这个过程中也发挥着不可替代的作用。

管理者的忠诚是"培养"出来的

人才培养对于企业的意义，就如《联盟》一书中警告的："没有员工忠诚的企业就是没有长远考虑的企业。没有长远考虑的企业就是无法投资于未来的企业。无法投资于未来的企业就是正在走向灭亡的企业。"

从优秀的人才供应链的角度来看，拥有一批忠诚的中层管理者更能加速企业的快速发展，因为这部分群体在组织发展过程中不仅起着承上启下的作用，更是组织快速复制过程中的中坚力量。

管理者的忠诚不是金钱换来的，而是通过持续地培养赢得的。除了血缘关系，孩子对父母的忠诚来自培养，例如走路是父母教的，知识是父母教授的，学习机会是父母提供的，对世界的认知和几乎早期所有的能力都是父母培养的，也正是持续对孩子的培养让父母获得了孩子对其一生的忠诚与孝顺。当一个员工进入企业后，他的大多数职业素养、工作能力、个人专业与职业心智的成长都来自企业的培养。员工在一家企业任职的时间越长，成长得越快，受到该企业的影响就越大，也因此会更加认同企业、感恩企业，从而形成对企业的忠诚。这个忠诚是"培养"出来的，而不是激励出来的，也不是选择出来的，是其他人才管理方式无法替代的。

如果企业构建出3倍于同行的人才培养速度，就会拥有一批忠诚的人才，就可以拥有3倍于同行的业务发展速度。我写前言的这几天，正是德锐咨询"新员工入职训练营"的五天集中培训，同时这两天公司也在确定2022年的年度经营目标，大家在讨论冲刺2022年销售目标的信心时，我说："当我在新员工训练营见到加入德锐咨询的新人越来越优秀时，当我在刚开过的年终战略研讨会上看到50多人的管理层团队已经可以用兵强马壮来形容时，我对2022年德锐咨询的冲刺目标充满信心。这种信心来自人，来自快速壮大的中层项目经理管理团队。"

致谢

感谢和我们一起成长的客户，本书的创作是我们与客户共同进步的结果。客户的每一次项目参与和推动，都是对我们的一种鞭策和赋能；基于从客户那里得到的智慧和经验，我们以"专业"的追求创作成书，以"共赢"的理念为更多的读者、客户提供人才培养上的支持。

感谢参与写作的公司合伙人李锐，项目经理陈琪、李永祥、林品媛，以及咨询顾问李璇。感谢创作团队不惜放弃休息、娱乐、陪伴家人的时间，秉持强烈的使命感与责任感，以严谨、负责的态度，对全书的结构反复讨论甚至重构，在细节上反复斟酌与推敲，让本书能够把我们过去在人才培养咨询上的智慧真诚地呈现给读者朋友。

感谢合伙人胡士强在本书创作过程中给予的智慧贡献，进一步保证了本书的专业度和可信度。

感谢机械工业出版社的编辑，为本书的出版提供了技术保障和支持，将本书高效、顺利地呈现给我们的读者和客户。

感谢我们真诚、智慧的团队伙伴，本书也是我们团队智慧的成果。

未来，在"人力资源领先战略"框架的基础上，我们会持续深化在人才培养上的研究与实践，也真诚欢迎更多的读者朋友参与进来，以"把中国的人力资源管理提升到世界领先水平"的崇高使命引领我们笃行致远，让更多的企业从中受益。

李祖滨

Triple Speed Talent
Development

第 1 章

人才培养重在速度

要使山谷肥沃,就得时常栽树,我们应该注意培养人才。

——约里奥·居里

人才培养速度决定企业成长速度

自 2020 年初的"黑天鹅"——新冠肺炎疫情暴发以来,我们发现原本可以赚得少许利润的企业勒紧裤腰带过上了苦日子,原本可以按部就班平稳发展的企业一夜之间悄然倒下,市场竞争的红海正在以比想象中更快、更加凶猛的速度席卷而来。普华永道 2021 年 2 月发布的《全球并购行业趋势》揭示,后疫情时代的并购活动正在加速,未来 6 ～ 12 个月可能是并购活动的密集期。产业交融,万物互联,在无数企业都生存于一个共同体的情况下,有谁敢说自己能够独善其身。未来的企业如果不能始终保持快速成长的竞争力,就难以抵抗外部环境剧烈变化所带来的冲击。

在信息流动更加迅捷、充分的时代，创新的商业模式很容易被模仿与复制，也因此越来越难成为企业核心竞争力的护城河。站在"十四五"发展的起点，当时代要求发展速度向发展质量让步的时候，企业间的竞争本质上已演变为对优秀人才管理能力的竞争，正如华为任正非所言："人才不是华为的核心竞争力，对人才的有效管理能力才是企业核心的竞争力。"不言自明的是，人才培养已然成为新时代企业人才管理的题中之义，人才培养的方向决定了企业成长的质量，人才培养的速度决定了企业高质量发展的速度，进而成为支持企业跑赢竞争对手的强大、持久动力。

著名哲学家叔本华曾说："普通人只想到如何度过时间，有才能的人设法利用时间。"企业作为整合各类要素的营利性组织，对比普通人，其时间价值应是倍数甚至指数级放大。那么，如何让企业压缩人才培养的时间成本，获得3倍于同行的培养速度，甚至3倍于同行的发展速度呢？基于近20年的咨询经历，我们发现企业可以从如下几个方面着手，真正做到以人才培养的速度构建企业成长的速度优势。

- 在原则上，遵循3倍速人才培养模型，深刻理解"培养谁""谁来培养""培养什么"和"如何培养"这四个关键命题，让人才培养工作事半功倍。
- 在时间上，敢于以超前于业务发展的模式培养人才，而不是等业务发展遇到困难时才想起来培养。
- 在数量上，敢于在中层岗位上做到"饱和配置"、良将如潮，而不是捉襟见肘。
- 在投入上，无论是经费预算还是包容试错的机会，都能以几近浪费的魄力大胆尝试。
- 在起点上，选拔高潜的优秀种子人才，以培养中层为基础要求，以发展高管为深层目标，为企业建立起强大的人才供应链。

坚持"招聘基层，培养中层，选拔高层"的人才供应逻辑，系统而快速地培养中层队伍，企业内部运行的"造血机制"就能够真正形成，未来成功复制、并购就有了充足的底气和保障，最终企业将因人才培养而获得更高的员工敬业度、更持久的竞争力、更快于同行的发展速度和更高于同行的发展质量。

超前于业务的人才培养

改革开放40多年来，很多企业享受着时代红利和人才红利，仅依靠政策、资源、敏锐的洞察力甚至运气就能迅速发展壮大。但是，在经济发展进入"新常态"、速度向质量让步的新时期，过去的"成功路径"面临种种现实的挑战。其中，关键、优秀人才的匮乏，成为制约企业持续、高质量发展的桎梏。追根溯源，企业在未来重要战略布局领域，缺乏前瞻性的关键人才识别能力，没有将关键人才的培养作为战略性投入前置，从而错失了行业发展的最佳时机，被迫进入红海市场。

对优秀企业的研究发现，它们对于人才的培养是超前于业务的。早在2008年的华为年中述职会议上，任正非就提出："公司在发展过程中到处都缺干部，干部培养不起来，我们就可能守不住阵地，可能要败退。"华为以超前于业务的人才培养为支撑，在数以亿计的物联网终端部署鸿蒙操作系统。在万物互联的新时代，面对硬件与软件被双重打压的压力时，鸿蒙系统横空出世，以空间换取时间，为华为在生态系统构建方面的突破赢得时机。这也让华为更有机会成为像谷歌、苹果一样集软件与硬件于一体的伟大公司。

华为：化危为机的鸿蒙系统

2019年5月，美国商务部将华为公司列入出口管制实体清单。在硬件方面，受制于产业整体情况，华为面临着麒麟高端5G芯片制造的"卡脖子"困境；在软件方面，根据安卓（Android）生态下的"移动应用分发协议"，在违背协议的情况下，生产出来还没有售卖的手机，无法再使用海外安卓手机必备的谷歌移动服务套件（GMS），这对于华为海外手机市场是一个重击。

2019年8月，华为正式发布自研鸿蒙操作系统。2020年12月，华为推出了面向手机端的鸿蒙操作系统Beta版。在分析了过去20年PC产业和移动产业生态发展的基础上，华为确定了2021年自有手机设备装机量2亿台的目标。

华为是ICT行业传统的硬件领先公司，鸿蒙成了它冲出重围的重要突破口。在《企业业务及云业务汇报会上的发言》中，任正非提到：从硬件领先转型到软件领先的公司，这在世界上是没有先例的，困难可想而知。

未雨绸缪的业务布局和超前于业务的人才培养，是华为应对危机的核心武器。华为消费者业务软件部总裁、鸿蒙操作系统负责人王成录在一次访谈中披露，华为在2016年5月就内部立项研发操作系统原型。它于2018年5月获得消费者BG投资评审委员会投资，成为离商业更进一步的BG正式项目。而立项研发操作系统原型的想法，早在2012年基于技术角度的生态前瞻中就已经提出。

从"备胎"到提前"转正"，鸿蒙操作系统2.0版在发布后1个月内用户突破3000万。未雨绸缪的业务布局基于超前于业务的人才培养。过去，中国软件行业应用层非常繁荣，但在芯片、编程语言、数据库、编译器、操作系统等基础性研究方面人才比较匮乏。

华为于2009年做编译器开发时，在国内找不到这方面的人才。因此，它一方面从美研所招募近20名华人开发者；另一方面增设编译器开发人员预算配置，与中科院计算所合作进行相关人才培养。经过10多年的积累，华为现在的编译器队伍有将近500人。正是在软件工程基础能力方面的超前人才培养，促使鸿蒙操作系统加速向生态化应用进阶。

华为超前于业务的人才培养模式，为鸿蒙操作系统快速实现"备胎转正"打下了坚实的基础。由于人才培养需要长期的积累与沉淀，为满足业务发展的需要，优秀的企业善于将人才培养放到战略高度，以未来5年甚至10年的眼光做当前的培养规划，确保人才培养超前于业务和战略部署，同时为战略规划与落地执行提前搭建好人才梯队，真正实现用人时良将如潮。

大胆超编的人才培养配置

对人才的培养，很多企业走入一个误区：以纯粹理性经济人和财务思维，过度关注短期目标。按照会计年度惯例，多数企业在每年的12月进入预算编制阶段。其中，作为人力资源年度工作的重头戏，定编往往会引起企业家、管理者、财务部门和人力资源部门的高度关注。那些执行力强、分析能力强的财务或人力资源管理者，根据下一年度财务数据测算人效，基于短期财务数据，给出明确的"定编红线"，这往往会引发与业务部门唾沫横飞的定编拉锯战。更有甚者，将人力成本的控制作为业务负责人的关键指标，拿着"人力成本控制"的尚方宝剑让业务部门让步，忽视了企业可持续发展对于关键人才储备的需求。这种做法看似为企业节省了成本，但在关键时期，企业却往往因为关键人才的缺失遭受难以承受的损失。

"一个萝卜一个坑"的人才配置模式已经显示出其滞后性，作为新时代下衡量企业组织能力的关键指标，人效是多数企业组织能力提升的抓手。

"人效指标的值是越高越好吗？"

《人效冠军：高质量增长的先锋》的研究揭示，企业的人效水平可能存在阶段性的、周期性的起伏，人效在业绩稳步增长但企业有意识招聘更优秀的人、为未来储备更多的人才时会出现短期起伏。这些短期性的下降其实是为长期的人效提升蓄力,从长期来看,人效最终是提升的。企业不应仅仅关注活在当下的命题,更需要具备长期主义思维,要像储备冬粮一样做好关键人才的储备。只有关键人才储备充分,企业才有更多的余地和机会去筛选出更多优质的培养对象,才能避免出现"矮子里选将军"的情况。

阿特拉斯·科普柯:没有止境的人才培养

作为全球顶尖的机械设备和压缩机供应商,阿特拉斯·科普柯是一家拥有超过4万名员工、年营业收入超过100亿欧元的全球性工业集团,但并不为一般大众所熟悉。为顺应全球化发展大势,快速适应动态、变化的竞争环境,阿特拉斯·科普柯持续投资于人,打造未来人才供应链。

在一次专访中,中国区总经理托马斯·伦丁(Tomas Lundin)提到:阿特拉斯·科普柯对人才培养是无止境的,虽然不是每个人都会成为管理者,但是针对相应的管理职位需要相应的继任计划。在为中国区管理梯队量身定制的春竹领导力发展项目中,第一阶段主要针对一线经理、新晋经理、高潜人才,先后为中国区培养了70名一线管理者;第二阶段则针对中层管理者,为中层管理梯队提供了新鲜血液。以"春竹"命名,是取其空心谦虚的品性、快速生长的潜力、生机盎然的竹海寓意。

如阿特拉斯·科普柯为人才培养项目命名的寓意,企业应像培育春竹一样培养管理人才,以实现人才绵延不绝的供给与生机盎然的组织活力。《人才盘点:盘出人效和利润》一书建议对关键岗位采用"饱和配置",即在数量上满编甚至超编,在质量上必须都是明星级优秀员工。人才数量上的"饱和配置"主要指两方面:一方面是指关键岗位的人才在岗率为100%,即所有关键岗位都由胜任的人担任;另一方面是指关键岗位要推行AB角管理,即关键岗位要有明确的后备继任者。这样的"饱和配置"降低了人才风险,**能够持续有效地支撑企业战略的实现**。

从人才供应链的角度来看，这些关键岗位尤其是管培生、内部优秀骨干、现任管理者、外部新进管理者等未来的中层管理梯队更需要大胆超编配置和培养。

优秀的企业只有敢于在关键岗位上进行饱和甚至超编的配置，才能在人才培养上不至于捉襟见肘，才能根据企业本身发展需要遴选出"值得培养的人"，掌握人才培养的主动权。

几近浪费的人才培养投入

所谓"十年树木，百年树人"，相较于财务投资变现的短平快，人才培养工作是一项长期的人力资本投资，所需要的回报周期更长。事实上，企业家关注业绩目标快速增长的同时，经常会觉得无人可用或人才成长速度赶不上业务发展的速度。因此，不少企业家偏好急于求成的人才培养模式，却忽视了人才成长的内在规律，甚至不愿意进行人才培养而奉行"拿来主义"，将企业的基业长青寄希望于脆弱的外部空降兵。高瓴资本创始人兼首席执行官张磊说过："在投资中，最宝贵的资源是时间；在投资机构中，最宝贵的资源是人才。"这隐含了人才培养的成材规律，而"拿来主义"是一种短期行为。

损失厌恶心理实验：拒绝稳赚不赔的赌局

2002年诺贝尔经济学奖获得者丹尼尔·卡尼曼设计过这样一个实验：如果在抛硬币中出现正面，参与者将得到150美元；如果是背面，参与者将输掉100美元。虽然参与者长期下注肯定稳赚不赔，但实验结果却是大多数人拒绝了这个赌局。

"损失厌恶心理"理论可以解释这样的行为，短期的损失更加让人难以接受，就像证券投资活动中短视的投资者过分强调潜在的短期损失而放弃了长期的收益。

囿于损失厌恶心理，多数企业家不愿意在人才培养上持续投入。但是，渔民是否因为可能偶遇暴风雨而不再出海捕鱼，庄稼人是否因为可能的灾害减产而放弃播种呢？千百年来的社会实践证明，虽然人们厌恶损失，但他们仍会出海捕鱼、辛勤耕耘，否则一无所获。企业家在人才培养活动中，要以先付出的勇气来投入，以"所得"的心态去看待，同时需要做好配套机制以最大限度地发挥人才培养的价值。要相信，对人才培养持续地投入，也会获得持续的回报。

三一集团：培训预算不设上限

秉承"造就一流人才"的理念，以"赋予学习者持续成长的能力"为使命，三一集团的培训中心，对内负责三一集团各体系人才的培养，对外辐射三一生态圈，承接供应商、代理商、客户及外部各界企业员工培训等，以服务企业、服务社会、服务学员为宗旨，建立了全员工、全岗位、全价值链的"三全育人"人才培训体系。

三一培训中心主任宋杨曾说："对三一人来说，培训是一件很平常的事，不仅新入司的员工要参加培训，就连研发人员、一线工人，甚至是管理人员，每年、每个月都要参加很多培训。"2011年，三一重装培训开支达到1100多万元，其中还不包括培训中心的人工费用、设备折旧费用。如此大的投入均摊到每位三一重装员工身上，每年人均5000多元。三一重装人力资源总监蔡泽兰解释道："三一集团实行预算考核制，所有的费用均有严格的预算控制，基本上是无预算不支出，超预算要处罚，唯独培训费用不受预算限制，所以无论是人力资源部安排的培训还是部门安排的培训，在三一基本上是一路绿灯，不惜重金。"

这种投入收到的回报也是长久的。如今，经过几十年的发展，三一集团已经成长为年收入千亿级的中国工程机械行业的领军企业，而这样的发展速度离不开在企业内部成长起来的优秀人才。

三一集团董事长梁稳根在很早之前就曾表示:"培训在企业里的投入产出比是最高的,可以达到1∶100以上,只有员工先优秀了,企业才会优秀。培训是一个持续的过程,只有让员工能力得到提高,企业才能健康发展。"

自2018年1月1日起,国家对于企业职工教育经费税前扣除限额从2.5%提升到8%。但是,从多家上市企业年报财务数据统计来看,大多数企业达不到这样的投入程度。对于三一集团来说,"不设上限"的培养经费投入看似是巨大的浪费,然而实践充分证明了这样的投入是值得的,回报率是高的。

当然,对人才的培养,除了看得见的经费投入,更重要的是敢于给予人才轮岗的机会、扩大工作职责或赋予挑战性任务,换言之,能在实践中大胆试错性用人。将军是战场上打出来的,人才是在实践中成长起来的。诚如战场上的百战百胜源于前期摸索与失败的教训,试错性用人也需要付出失败的代价,有可能在短期内带来一定程度的业绩波动与财务损失。但是这样锻炼出来的人才能够担负起更多的责任,创造出更大的价值。面对未来的不确定性与激烈竞争,企业需要具备长期主义思维,在培养动作上提高容错率,让企业的人才森林逐渐根深叶茂。

从管培生到高管的人才培养

作为人才供应链的清洁源头,管培生成为优秀企业每年大力招聘的重点对象,优秀企业稳健的人才供应链如图1-1所示。华为、京东、龙湖等众多优秀企业,每年都会加入校园人才争夺战,极力吸引最优质的人才。

早在2008年,沃顿商学院教授彼得·卡佩里(Peter Cappelli)就强调,在纷繁复杂、多变易变的商业世界中,雇员、能力、职位要迅速匹配,企业只有搭建起与即时制生产方式类似的人才需求—供应框架,形成动态的、无时差的人才供给模式，才能应对发展过程中的风险。然而，现实中企业通常的做法是，什么时候缺人就什么时候招人，缺什么样的人就补什么样的人。因此，企业经常面临紧急救火式招聘、人才流动率高、人才供给不到位等问题，造成"外部找不到，内部无人选"的人才供给窘境。而优秀的企业通过选拔优秀的管培生，用3～5年的时间将其锻炼成为企业的核心骨干，构建起企业发展的关键力量。

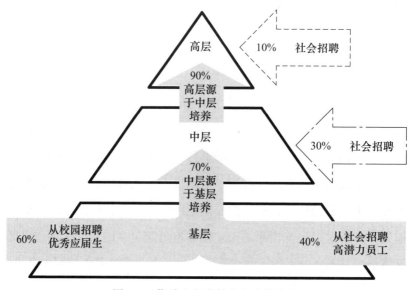

图1-1　优秀企业稳健的人才供应链

选择到优秀的种子只是第一步，加速优秀种子在企业内部的茁壮成长更为重要。在优秀种子成长的每个阶段，都需要投入相应的培养资源，加速人才成长。作为快消品行业巨头，联合利华充分享受了管培生培养带来的人才红利，其优秀的人才培养方式也引发了很多企业争相学习。

以培养未来领导人为目标的管培生项目

联合利华的管培生计划是一个全球人才发展项目，致力于将管培生培养为企业未来领导人。作为直升企业核心管理层的最快途径之一，该管培生项目又被称为 UFLP（Unilever's Future Leaders Programme）。

该项目按照统一的标准和要求设计，在应届生中选拔具有商业意识、发展潜力、成功决心和领导力潜质的优秀人才，将之培养成为与企业共同发展的各个领域的职业经理人。管培生项目为期三年，在这三年中，管培生会进行部门内或跨部门轮岗，并且有机会经历海外轮岗，在各类定制化培训和具有挑战的工作中快速成长。制订针对性的个人发展计划（IDP），配备帮助融入的往届管培生"伙伴"和指引个人发展的资深职业经理人作为成长的导师；系统的培训课程、一流的培训内容以及庞大的培训投资，不仅满足管培生工作和发展的需要，还能帮助他们快速健康地成长。

从联合利华人才供应链的角度分析，其全球管理层75%都是由管培生成长而来，一半以上空缺的经理岗位，会由优秀的管培生担任。

这样高质量的管培生培养体系，不仅为联合利华输送了优秀的人才，也为中国的消费品行业培养出很多优秀的高管——目前可口可乐北亚区的首席营销官（CMO）、金佰利中国的总经理、麦当劳的首席营销官（CMO）、上海家化的首席战略官（CSO）、天猫大快消事业部的总经理等，都出自该培养项目。

联合利华管培生培养体系为企业输送人才，同时这些优秀的人才也帮助更多的企业成为优秀的企业。

以终为始，以"培养未来的高管"为终极目标，管培生的培养应起点更高、标准更严、投入更大、收益更长远。

培养中层是企业成功复制、并购的保障

新古典经济学派创始人阿尔弗雷德·马歇尔（Alfred Marshall）的研究表明，企业内部平均成本会随着一定范围内的产量增加而不断降低，

最终实现最佳经济效益。为了追求规模经济下的最佳效益，多数企业家都会追求企业规模的扩张，甚至以持续复制、并购作为实现这一目标的主要路径。但并非所有的规模化之路都能带来良好的发展效益，"大而不强"、发展失速直至轰然倒塌的现象屡见不鲜。

根据德锐咨询的研究，只有高人效的企业才拥有复制、并购的资格。作为并购主体的企业，往往需要具备更强的经营和组织能力，才能保证扩张之路的稳健性和成功率，也才能在复制、并购后仍然保持领先的人效，如图1-2所示。企业的经营和组织能力，既包括现有的经营模式、管理机制，又包括充分供应的优秀中层管理人才队伍，而后者往往是企业经营能力不断迭代进化的基础力量。企业规模扩张多是强烈的使命追求与战略落地行为，自我复制意味着业务拓展下的组织与团队规模扩张，需要更多的优秀管理者带领新的团队持续创造价值。并购总是伴随着新的区域位置、新的业务种类、新的文化、新的管理等带来的种种挑战，从总部外派的优秀管理者，不仅能做到聚焦于业务本身，更重要的是还能做到对信任成本、沟通成本的节约，且能够将统一的使命、愿景与价值观深度迁移和复制到新的组织。当企业拥有更多优秀的管理者时，对于追求企业整体利益、长远利益的坚持就能被激发出来，这更能帮助组织在扩张过程中稳中求进。

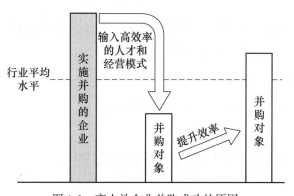

图1-2　高人效企业并购成功的原因

在支撑企业复制、并购的管理者队伍中，中层管理者是链接高层的战略方向与基层稳健业务拓展的中坚力量，也是在复制与并购中企业所需数量最多的群体。所以，持续供应优秀的中层管理人才，成为复制、并购成功的关键。

比亚迪：产业跨界优秀玩家背后的力量

作为一家位列《财富》杂志"改变世界的52家公司（2019年）"榜单前三的中国企业——甚至超过了沃尔玛、苹果、国际商业机器公司（IBM），"宝藏公司"比亚迪取得的成就可谓不胜枚举：研发制造出中国第一台涡轮增压发动机、第一台双离合变速器、第一个车身稳定系统、第一个安全气囊，研发制造出全球第一辆插电混动汽车、第一辆纯电动大巴、唯一不燃烧的"刀片电池"，是全球唯一一家自主生产汽车电脑主控芯片的车企。

从手机代工到半导体，从乘用车到商用车、轨道交通，从动力电池到光伏储能，比亚迪的产业布局跨界、多元，在各领域均取得不菲成绩。

内生型的人才战略

比亚迪能够取得如此成就，与其源源不断的人才储备与供应有着莫大的干系，这保证了比亚迪在扩张过程中经理人的配套跟进以及企业文化的一脉相承。而这种持续的人才供应来自比亚迪对于内部人才培养的高度重视。放眼望去，比亚迪的高管几乎清一色由内部培养而成。

1999年从北京大学毕业之后，何龙就直接进入了比亚迪。比亚迪也秉持着一贯大胆的用人作风，让这个刚从校园里走出来没多久的学生担任比亚迪公司中央研究部项目组长。而何龙也不负众望，仅用两年时间就升任比亚迪第二事业部品质部经理，五年升任比亚迪第二事业部总经理，2006年成为比亚迪股份有限公司的副总裁。

在比亚迪，类似何龙这样的内部培养起来的高级经理人不可胜数。比亚迪副总裁何志奇、总裁办公室主任王珍等，都是刚出校园就被比亚迪委以重任，经年累月的实践培养之后，成为比亚迪的核心管理人才，为比亚迪的长久发展提供了动力与活力。

坚持人才培养的"长线投资"

在人才培养这个"长线投资"上，比亚迪坚持做了20多年。作为一家优秀的民族企业，比亚迪创始人王传福说过："中国的大学生都具备两个最基本的素质，就是聪明和勤奋。比亚迪把具备这些素质的种子招过来，放胆去用，容忍他们去犯一些错误，这样把他们培养出来。"

2019年比亚迪公司3200余人的新生见面会上，王传福自豪地说："实际上，比亚迪今天大部分事业部总经理、经理，都来自历年招收的应届毕业生。"

得益于在人才培养上的长线投资，大部分的中高层来源于内生型人才，这也让比亚迪在电子、电池、新能源、轨道交通等领域收获颇丰，让其在产业多元化的征途上越走越顺、越走越广，最终在资本市场也获得了更高的预期和信心。

本章小结

根据众多优秀企业的共同实践，只有敢于从时间上超前于业务、从数量上大胆超编、从培养投入上"几近浪费"、从培养目标上高起点，加快对管培生的培养、加强对管理中层的培养，才会让企业拥有健康的中层管理团队，企业的未来才会有希望、企业的持续发展才会有信心。在人才培养上，企业需要具有先付出的勇气，在人口红利逐渐消失的时代抢占人才红利的先机更为重要。正如卢梭所言："浪费时间是一桩大罪过"，将人才供给主要渠道由外转内，更需要企业抓住高效的人才培养方式、方法，保障员工有更快的成长速度，让企业在竞争对手赶上来之前拥有更强的竞争优势。

■ 关键发现

- 企业因人才培养而获得更高的员工敬业度、更持久的竞争力、更快于同行的发展速度和更高于同行的发展质量。
- 企业不应仅仅关注活在当下的命题，更需要具备长期主义思维，要像储备冬粮一样做好关键人才的储备。
- 对人才培养的投入，除了看得见的经费，更重要的是敢于给予轮岗的机会、扩大工作职责或赋予挑战性任务，换言之，能在实践中大胆试错性用人。
- 以终为始，以"培养未来的高管"为终极目标，管培生的培养应起点更高、标准更严、投入更大、收益更长远。
- 企业的经营和组织能力，既包括现有的经营模式、管理机制，又包括充分供应的优秀中层管理人才队伍，而后者往往更是企业经营能力不断迭代进化的基础力量。

Triple Speed Talent
Development

第 2 章

3倍速人才培养模型

天下武功，唯快不破。

——民间俗语

企业发展过程中的优势表现为人才竞争优势，《基业长青》一书中写道："从构建高瞻远瞩的公司的观点来看，问题不在于公司目前这一代表现得有多好，真正重要的关键问题是，公司在下一代、下下代、再下一代的表现有多好。"吉姆·柯林斯研究证明，优秀的企业都成功地打造了自己的人才供应链，确保人才的持续供应和人才传承，也保障了企业的长期竞争优势。

越来越多的企业家们在"摘果子"的同时，也在大力"种树"。很多企业意识到人才培养的重要性，但尚未找到着力点，导致人才成长速度较慢，无法为企业输送更多的中层管理人才，让企业在成长的过程中错失一部分重要的发展机会。我们发现，那些高效的中层管理团队在培养实践中，总是很好地解决了下面几个问题。

第一，培养谁？很多企业培养人才时总会用撒胡椒面的方式：一方面不知如何分配培养资源，让应该有机会成为中层管理团队的人员获得培养的机会；另一方面，担心区别对待会引起员工的不满。无论是物质资源还是时间资源，对多数企业来说都是有限的，如果对不合适的对象进行培养，不仅是一种浪费，也会挫伤优秀人才的积极性。

第二，谁来培养？很多企业简单地将人才培养任务下达给人力资源部，甚至设置各种培训考核指标，如每年培训多少次、参与培训人次等。这忽视了人才培养中主要角色的贡献。真正的培养责任主体，应该是培养对象的上级，那些优秀的、有领导能力和培养他人意愿与能力的管理者。人力资源部或外部讲师无法代替管理者将培养的内容落地。将优秀人才交由不懂得培养他人、缺乏培养他人胸怀、没有培养他人意愿和耐心、没有培养他人能力的上级进行培养，再好的苗子也会被埋没。上级管理者不胜任、价值观有问题时，不仅会影响到培养对象的成长，更会破坏企业文化的传递。因此，基于长期主义的观点，应当把培养他人的能力作为管理者选拔的必要条件。

第三，培养什么？很多企业不知道哪些能力、素质易培养，哪些培养有难度但可培养，哪些不可培养，结果将大量的时间、精力投入无法改变、无法培养的素质上，如内在动机、性格、价值观、品德等，结果是事倍功半，甚至一无所获。把精力投入易培养、有难度但可培养的素质上，比如专业知识、技能、沟通谈判能力、演讲能力、计划能力，这样企业收获了丰硕的培养成果，不仅看到了员工的快速成长，还大大提升了培养的效果和速度。

第四，如何培养？很多企业存在很大的误区，错把培训当培养，将培养工作的重心放在将人才送出去上课或请老师内训上。谷歌研究发现："2011年，美国企业在学习项目上的投入为1562亿美元，高于135个国家和地区的GDP，令人咋舌。其中大约有一半的钱投入公司自行组织的项目中，另外一半投入到外包培训中。员工平均每年要接受31个小时的培训，平均每周30多分钟，但其中大部分资金和时间都被浪费了。"很多企业也是如此，看似每年会在培训上投入很多资金和精力，但人才培养的成果却没有显现。培养的实效一分在课堂，九分在实践，培训增长的是知识，而在实践中培养才能真正提升人的综合能力。

以精益生产、精益人才培养著称的丰田，其人才培养实践可以解释优秀的中层管理者是如何通过培养产生的。

"我们不只制造汽车，我们也在塑造人"

作为全球优秀的汽车制造商，丰田一直都被作为追逐、学习的标杆。丰田缘何能够取得举世瞩目的成就？原因有很多，其中一个不得不说的原因，就是其精益的人才培养体系。

丰田认为，造车固然重要，育人也同样重要，使每一位员工都能通过努力和不断练习成为杰出人才，是丰田一直在践行的人才观。查看2021年丰田官网现任高管的简历得知，38位高管中有26位高管是内部培养的（刚毕业就进入丰田），占比为68%，这还不包含作为中层加入被培养起来的人才。

丰田一直把人才培养看作企业竞争的源泉。在丰田的管理理念里，人才培养能够带来的益处包括且不限于：

（1）培养年轻人才，为企业持续发展建立储备军。

（2）老员工在带教的过程中，其自身的知识结构也得到了进一步的完善和体系化。

（3）通过工作中的实践和指导，培养新员工的问题解决能力，使其体验并领悟"丰田之道"（Toyota Way）。

选择值得培养的种子

毋庸置疑，作为行业的领先企业，丰田有着非常严苛的招人标准，会全面考查候选人的解决问题能力、学习能力和潜能以及职业兴趣爱好，等等。最终能够通过重重考验进入丰田的人寥寥无几。因此，丰田的员工无不是自己领域的个中翘楚。

在职培训：丰田实践中培养的方法

对丰田来说，虽然在选人阶段选出了有潜力的佼佼者，但更为关键的是如何将这些形形色色的员工培养成统一的"丰田之道"的员工。因此丰田对于员工培养有着非常细致完备的体系。按培养对象，可以分为新员工教育体系、事技员培训体系、技能员培训体系；按培养类型，可以分为晋升培训、专门培训、在职培训。培训内容涉及企业文化、工作方法、安全环境、职业卫生、丰田生产方式（TPS）以及岗位技能等多个方面。

其中，值得称道的是丰田的在职培训（on the job training，OJT）。传统的OJT是前辈通过向部下或后辈进行示范、说明，有意识地教授其工作上必要的知识和技能。丰田的OJT则是强调让员工"通过日常实践"进行学习，这实际上是一种OJTD(on the job training development)模式，即通过综合考虑部下的特质，上司会分配给部下合适的工作，从而帮助其发展和获得成就感。

丰田在发掘和培养潜在中层管理人员方面也有着自己独到的心得，尤其通过一套"守破离"的循环机制将在实践中培养的方法发挥得淋漓尽致。

什么是"守破离"呢？"守"就是守住、保留，"破"就是打破、违背，"离"就是创造、重组。

在"守"的阶段，要求员工通过大量的重复和标准化作业掌握某些能力，同时借用"师徒文化＋严密监察"的机制确保落实到位。

在"破"的阶段，学生能够享有一定的自由，教师不会管得那么严了，但是会定期进行检查，学生可以创造性地运用各项法则，但是依然需要严格遵守规范,即所谓将学习到的内容遵循"创造性运用+严格遵守规范"的原则执行。

在"离"的阶段,无须强调规范,因为根深蒂固的规范和动作,让学生不需要多想就能做出反应,动作自然而发。在这个基础上,学生就能对业务进行拓展、改进,这个阶段使学生突破了对教师的简单模仿,鼓励了学生的创造性。此阶段强调规范性动作的"突破模仿+创造性"。

选择优秀的培训师来培训

具体课程实施上面,丰田管理者内部培训包括五大核心课程:

- 丰田问题解决(Toyota business practices,TBP)。
- 丰田人才发展(on the job development,OJD)。
- 丰田工作指导法(Toyota job instructions,TJI)。
- 丰田沟通技巧(Toyota communication skills,TCS)。
- 全面质量管理(total quality management,TQM)。

这既包含技术人员和一线生产管理监督者必备的模块(TBP、TJI、TCS),也包含企业管理者必备的模块(OJD、TQM),目的在于全方位地把管理者打造成"丰田模式的管理者"。在培训教师选拔培养方面,丰田对技能培训老师和管理培训老师分别设立了不同的选拔标准。但无论是哪类培训老师,都有着相当严格的选拔标准和培训机制,以此保证培训者自身具有过硬的专业素质。

完善的培养体系做支撑

俗话说:"千里马常有,而伯乐不常有。"高潜人才也许并不少见,少见的是善于发现高潜人才、激发人才潜力的人。因此,企业要想建设一个精益人才培养体系,首先就需要建立一个完备的培训组织体系,并且严格把控培训教师的选拔和培养。除了在集团人事部下设丰田学院以外，每个工序都专门设有一个培训中心，保证对人才培养全面到位。而在国外，丰田专门设有全球生产力推进中心（TPC）负责人才培养事务，帮助丰田的培训教师全球认证推广。

另外，丰田除了拥有完善的人才培养体系和教师选拔、培养机制，对培训效果持续评估和追踪做得也十分到位，因为学生在能够开始独立工作之前，未必能百分之百地胜任工作。事实上，他们多半会略有欠缺。因此，丰田的培训教师一开始必须根据组织梳理出来的每个岗位能力地图，尤其是关键岗位的能力地图，包含基本技能、核心知识、辅助技能、政策与判断、积累形成的诀窍等，经常检查学生的学习进展，在对学生的能力有信心后，才能逐渐减少持续追踪。

在发展的过程中，丰田正是严格落实以上做法，不断地调整与优化，以最快和最有效的方法确保培养出企业所需的人才和专家。

不仅丰田，沃尔玛、宝洁及华为等优秀企业的实践表明，当企业培养方法得当时，企业中层管理团队的成长会收到倍速增加的效果。人才培养速度的提升，增加了企业快速发展和扩张的机会。与沃尔玛类似，肯德基之所以能在中国快速扩张，与其能够快速派任优秀的店长有很大的关系。一个店长往往决定了一家门店盈利与否。而其高效的人才培养方式，能够做到让一位优秀的员工从小时工、正式工、熟练工、主管、经理、高级经理到副总经理仅需要22个月，最大限度地实现了人才的快速复制，保障了企业在发展和扩张过程中有人可用。这些企业在培养中层管理梯队人才的过程中，形成了高质量、高效率的人才培养体系。通过对标杆企业人才培养体系共性要素的提炼，我们构建出3倍速人才培养模型（见图2-1）。

（1）培养值得培养的人。如果选择了错误的培养对象，那么对培养投入的时间和资源都是巨大的浪费。企业最关键的培养对象是坚实的中层管理者团队。

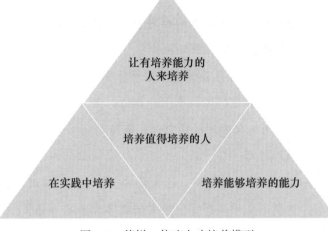

图 2-1 德锐 3 倍速人才培养模型

（2）让有培养能力的人来培养。对培养对象来说，除了需要配套的培养资源外，更重要的是明确培养的责任人。企业需要让具备培养能力的人来培养，让具备培养能力的人成为管理者，并让有培养能力的人成为教练、导师。

（3）培养能够培养的能力。企业为了确保培养投入产出比最大化，需要根据培养的难易程度选择人才获取方式，对于难以培养的能力靠选择，对于容易培养的能力加大培养力度。

（4）在实践中培养。培养不是培训，需要讲究"训战结合"，最有效的方法是在实践中培养。

培养值得培养的人

企业要想在激烈的市场竞争中脱颖而出，离不开优秀的中层管理团队。有了坚实的中层管理团队，才能获得迅速发展与扩张的机会。据权威机构统计，美国企业中高层"空降兵"两年存活率为32%，这个比例在中国只有11%，若内部的中层管理团队多数来自外部，不仅会出现文化的稀释，也会时常出现组织内部协同的问题。据德锐咨询观察，企业发展过程中的人才断层多数断在中层，有了充足的中层，高层才会源源不断，因此需要选择优秀的种子，优先培养优秀的中层管理团队。

从内部、外部和当下、未来两个维度来看中层的来源，主要有四种：管培生、内部优秀骨干、现任管理者和外部新进管理者，如图2-2所示。人才培养需要长期持续投入才能见效，一旦方向出现问题，将造成巨大的成本浪费。对企业来说，在培养资源有限的情况下，关注关键群体是一种投入产出比较高的做法，因此，企业培养资源的重心需转向这四个来源。

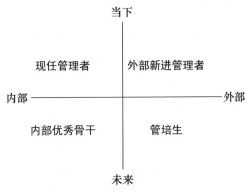

图2-2 中层管理者的四个来源

对培训对象的筛选同样需要秉持"先人后事"的理念，挑选培养对象也需全面考查和谨慎选择。我们在《聚焦于人：人力资源领先战略》一书中提到，值得培养的人需具备三大特征：一是具有先公后私的品质，与企业价值观相符；二是具有高潜力，具有可塑性与可成长性；三是高绩效，符合现阶段岗位的需要。

先公后私不仅是对外招聘时选择人才的第一标准，也是人才培养的第一标准。从人才分类学的角度来看，真正引领企业发展的人员具备先公后私的品质、有执着的事业雄心和不断超越自我的精神，对比其他企业同岗位人员能建立明显的竞争优势，从而引领企业以超过同行的速度发展。这类人员所具有的品质、精神与企业价值观的一致性，直接决定了企业发展方向正确与否。

除价值观外，企业通常还需要从业绩和潜力两大维度去选择培养对象。一般而言，业绩代表员工对企业的当期贡献，潜力衡量的是员工支持企业持续发展的可能性和稳定性。"高业绩"不等于"高潜力"，当期业绩高不代表未来能够持续地实现高业绩。潜力则代表未来持续产生高业绩的能力。无论是管培生、新进管理者、现任管理者还是优秀骨干，都需要满足先公后私和高潜力的标准，且业绩符合岗位需要。

有关优秀人才的潜力标准，学术界和企业界都尚未形成一致的判断标准。高端人才猎寻机构亿康先达提出的潜力标准包括好奇心、洞见、参与及决心，全球标杆企业沃尔玛认为人才潜力标准包括学习敏锐度、敬业度和职业抱负，华为选拔人才时重视学习敏锐度。结合标杆企业的标准，根据多年的咨询经验总结，我们提出了如下潜力标准：成就动机、学习突破、聪慧敏锐和团队协作。综上所述，值得培养的人，其通用标准如表 2-1 所示。

表 2-1　值得培养的人的通用标准

类别	具体事项	定义
业绩条件	业绩	交付成果符合岗位预期或完成事情的及时性、质量较高
素质条件	先公后私	先集体后个人，先考虑他人和集体利益，以集体利益为重，在一定条件下个人利益服从集体利益
素质条件	成就动机	始终把做好企业、创造更好的成就作为自己的奋斗目标；渴望成功，喜欢迎接挑战，不断追求卓越；在工作上执着追求，近似工作狂；不满意现状，总是希望把事情做得更好、更漂亮
素质条件	学习突破	有强烈的学习意愿，对新技术、新领域保持高度的热情，提倡在发展中不断学习，在学习中不断促进发展；经常总结经验，增加学识，提高技能
素质条件	聪慧敏锐	准确预测市场发展趋势，敏锐把握发展机会；反应敏捷，能够快速抓住问题主旨并准确决策
素质条件	团队协作	理解自己在团队中的角色与责任，具有团队意识和集体荣誉感，积极主动配合实现团队目标

用人才画像招聘管培生和新进管理者

基于通用的冰山下素质，我们形成了值得培养的人才画像卡。在对外招聘值得培养的管培生和新进管理者时，可遵循表 2-2 的标准。

表 2-2 值得培养的人才画像卡

考查项		要求
冰山上	学历	管培生：本科及以上 其他新进管理者岗位：根据岗位需要，一般本科及以上
	经验	管培生：具有班长、团支书等社团管理经历 其他新进管理者岗位：成功的管理经验
考查项		精准提问话术
冰山下	先公后私	1. 请分享，面对个人利益与组织利益发生冲突，你成功处理的事例 2. 请分享，遇到别人做出损害组织利益的事情，你正确处理的事例 3. 请分享，你曾经为了完成工作目标而做出的最大个人牺牲的事例
	成就动机	1. 请分享，你给自己设定很有挑战性的目标，然后努力取得了成功的事例 2. 请分享，在学习或者工作中，你认为最有成就感的事情 3. 请分享，相比周围的人，你设定了高于他人的目标并达成的事例
	学习突破	1. 请分享，工作以后你感到最为成功的一个专业工具（软件）的学习和应用经历 2. 请分享，在过往的经历中，你通过学习并运用到工作中解决实际问题的事例 3. 请分享，你最近在读的一本与工作领域相关图书的核心观点
	聪慧敏锐	1. 请分享，你比其他人更快速发现问题本质的事例 2. 请分享，你临场快速反应，解决多方利益纠纷的事例 3. 请分享，你快速解决一个复杂问题的事例
	团队协作	1. 请分享，你发现团队他人需要帮助，你主动协调资源帮助解决的事例 2. 请分享，当你和他人发生争执或意见不一致时你是如何处理的事例 3. 请分享，你通过分享自己的知识和经验帮助团队实现业绩成绩的事例

用素质模型选拔优秀骨干和现任管理者

对内选拔值得培养的业务骨干和现任管理者时，无论是从时间维度还是从横纵向发展的角度都需要在过程中加强关注，确保每个层级、每个时间阶段挑选的培养对象都是值得进行培养投入的。

对内人才筛选的标准同样需要参考价值观、潜力和业绩三个方面。当然，价值观和潜力除了先公后私、成就动机、学习突破、聪慧敏锐及团队协作等标准外,还可根据每家企业文化的特征进行有针对性的考查,对于有些企业内部强调的创新或勤劳务实的价值观,也可作为筛选的标准,其中素质模型分级判断标准可参考表2-3。

表2-3 值得培养者的素质模型分级判断标准

素质项	待提升（0~1分）	合格（2~3分）	优秀（4~5分）	卓越（6~7分）
先公后私	在工作中以自我为中心,计较个人得失,偶有因个人利益而损害公司利益	在工作中关注公司及团队利益,计较个人得失,不因个人利益损害公司利益	甘于奉献、利他,主动为公司利益做出自我调整与牺牲	有很强的主人翁意识,永远自觉地将公司的利益放在首位,是公司楷模,能影响带动他人行动
成就动机	看重报酬和外在职衔,满足于完成当前工作任务,缺少达成更高标准的动力	设定有挑战性的目标,不断采取行动推动事情进展,对出色完成任务、取得工作成果有强烈的渴望	毫不畏惧地为自己和组织设定挑战性的目标,积极开发和调动自身与组织潜能,促成目标达成	渴望追求完美,努力驱动自己和他人为了做得更好而持续努力
学习突破	单一渠道获取信息,不主动接受新事物,习惯机械重复性工作	有提高能力或增加经验的愿望,积极接受新知识、新技能,主动在工作中尝试新方法	不断学习和优化工作方法和思路,推陈出新,持续进步	坚持不懈提升自我,具有前瞻意识,开创新思路,推动组织进步
聪慧敏锐	观测市场环境变化时浮于表面,缺乏独立思考和探寻本质的能力	及时感知市场环境的变化,结合行业变化分析公司发展方向,制定一定的应对措施和解决方案	思考市场环境变化对公司的影响,结合外部行业及市场的发展动向,制定有效的发展策略	对市场环境有极高的敏锐度,对潜在的危机进行预警,敏锐适时地抓住潜在的发展机会
团队协作	更多以自己或分管的领域为中心开展工作,在他人需要帮助或面对非本职任务时,较少提供帮助	理解团队工作任务、目标,明确自身在团队中的角色,在别人提出需求时给予支持和配合	主动分享业务知识和经验,资源共享,主动给同事必要的帮助,善于利用团队的力量解决问题和困难	始终以公司全局利益为重,营造合作氛围,推动团队取得超预期的业绩目标

以素质模型分级描述为基础,通过360度评估和人才盘点校准会议的方式对评价对象的素质能力打分(详见《人才盘点:盘出人效和利润》),借用人才盘点九宫格,即纵向素质能力综合考虑价值观、潜力,

横向借用业绩维度，对现有人员进行分类：超级明星、核心骨干、中坚力量、业绩不佳但素质尚可者、素质不佳但业绩尚可者和失败者，如图2-3所示。

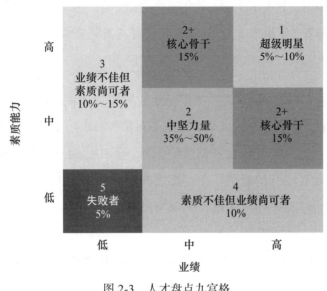

图2-3　人才盘点九宫格

- 超级明星（定位为1类）：企业内部的明星，是真正引领企业发展的人员。他们能力出色，创造出高于同岗位人的利润，带领企业超越行业的发展速度。
- 核心骨干（定位为2+类）：企业内部的坚实贡献者，胜任当前级别的工作，且有持续创造价值的可能性。
- 中坚力量（定位为2类）：企业内部的稳定贡献者，这部分员工所占比例通常较高，能够胜任当前岗位，并且稳定贡献岗位价值。
- 业绩不佳但素质尚可者（定位为3类）：具备一定的能力，但当期工作业绩不佳，达不到岗位的要求。若长期在该岗位的老员工始终不创造业绩，在阿里巴巴被形象地称为"老白兔"，容忍太多的老白兔存在，极易形成"兔子窝现象"，影响整个团队的业绩创造。而对于刚到岗位不久的"小白兔"，需要给予一定的时间成长，若在给定的期限内仍不能创造业绩，则将其认定为不合适的人。
- 素质不佳但业绩尚可者（定位为 4 类）：工作业绩表现不错，但能力较差，有些人对企业价值观认同度较低，甚至对组织氛围有破坏作用。这类员工所占比例过多会给企业的稳定性带来隐患。
- 失败者（定位为 5 类）：既没有能力，当期工作业绩也达不到岗位要求。

很明显，"1、2+、2 类"员工是企业利润创造者，是企业需要的合适的高质量人才，也是人才培养的主要对象，"3、4、5 类"员工则属于利润消耗者，是需要优化和调整的人员。其中，对于 3 类人员，首先判断其是否有改变的意愿，在有意愿的基础上给予机会对其培养、帮助改进，同时需要在培养过程中识别出其改进成果，进步不明显可及时止损。

当然，企业在培养资源有限的情况下，最佳选择是将 1 和 2+ 类的人才作为培养对象。

让有培养能力的人来培养

"用最优秀的人培养更优秀的人"，这是华为人才培养的核心理念，也是对"谁来培养"这一问题的最好解答。

丹尼尔·戈尔曼的情商理论指出，一个成功的个体，首先要经历自我认知以及情绪控制的阶段，具体表现为为了实现目标可以将个人愿望搁置一旁，使工作不受情绪干扰。其次，如成长为管理者，应具备一定的同理心，理解他人，帮助他人成长，同时善于运用自己内心深处的倾向或愿望推动并引导自我实现目标。最后，若能做到影响他人、感召他人和领导他人，便是一位卓越领导者。不难发现，一个成功的个体在成长后期担负着培养他人的重任，激励着更多优秀的个体。因此，在培养对象成长的过程中，企业家、直线经理、思想导师、专业导师都扮演着重要角色。

在培养对象不同的成长环节和阶段，上述角色发挥着不同的作用。作为优秀的培养者都具有对他人的积极预期、帮助他人成长的热情及打造组织能力的"造钟"意识。总而言之，除了企业家，他们有一个共同的特点：对企业文化有一定的理解，在企业任职不低于两年，拥有让培养对象信服的、过硬的专业技能。从素质特征来看，这些培养主体必须具备先公后私的价值观，认同企业文化，真正愿意帮助他人成长，向员工传递正能量。除了素质特征有一定的相通之处外，在不同的关键任务中，他们发挥着不同的作用与价值（见表2-4）。

表2-4 培养中关键角色基本任职标准

关键角色	基本任职标准	
	素质特征	关键任务
企业家	先人后事、先公后私、不拘一格	1. 将人才培养工作视为关键任务 2. 参与企业人才发展的重要会议 3. 率先垂范，对高管的培养投入时间与精力 4. 对关键人才给予关注，如定期面谈等 5. 具有不拘一格用人才的气魄
直线经理	认同企业文化、先公后私、不拘一格、客观公正	1. 将人才培养工作作为团队的关键任务 2. 合理规划所管人员的人才结构 3. 投入时间对下属进行培养，培养合格接班人 4. 对培养对象进行客观公正的评价 5. 具有不拘一格用人才的气魄
思想导师	认同企业文化、先公后私、同理心强、客观公正、有耐心	1. 了解新员工的工作定位和工作意向 2. 与新员工面谈，解答新员工遇到的一些问题 3. 传递企业文化、核心价值观、行为规范等 4. 了解员工的培养计划，掌握其成长状况 5. 定期面谈，帮助培养对象解决成长过程中的思想困惑 6. 对培养对象进行客观评估，帮助其出池
专业导师	认同企业文化、先公后私、学习能力强、乐于分享、有耐心、专业能力强	1. 对新员工的背景有充分的了解，掌握其与发展目标的差距 2. 与培养对象协商培养计划 3. 在日常工作中实现传帮带，一对一专业辅导 4. 对发展计划进行阶段性回顾、复盘和调整 5. 对培养对象进行客观评估，帮助其出池

企业家是人才培养的第一责任人

一家企业优秀人才的密度，在很大程度上取决于一把手的用人理念。一把手的培养理念、风格和方式在很大程度上决定了企业整体的人才培养理念和方法。一把手培养能力越强，企业人才培养的复制能力就越强，中层管理团队的规模就越大。因此，企业家需要具备先人后事的理念和先公后私的用人标准，重视对人才培养的投入，并在人才任用上具有不拘一格用人才的气魄，发挥人才培养第一责任人的作用。

具体而言，企业家在人才培养上的主要职责如下。

- 将人才培养工作视为关键任务，清晰3～5年的人才规划目标，明确人才培养预算。
- 参与企业人才发展的重要会议，如人才标准制定与优化会议、TOP100的人才盘点会议、关键人才任职资格评定会议、管理竞聘会议、中高管的述职会议等。
- 率先垂范，对高管的培养投入时间与精力，如制订高管成长计划、赋予其挑战性任务、及时面谈与反馈等。
- 对关键人才给予关注，如定期面谈。
- 具有不拘一格用人才的气魄，敢于给培养对象试错的机会。

直线经理是人才培养的直接责任人

企业对直线经理人的期待，不仅仅是他能够带领团队实现目标，更重要的是能把更多的团队成员培养成同经理人一样优秀的人才。

随着时间推移，一个组织中优秀人才能否不断增加、员工能力能否不断成长、团队的实力能否不断增强，取决于直线经理对团队打造投入的时间、精力和其培养能力。相反，一个缺乏组织能力打造意识和能力的直线经理，招不到合适的人才，也无法培养出人才，优秀人才进不来，内部人才流失，其部门会越做越弱、越做越小，该直线经理人就成了部门发展的天花板。对企业来说，不具备培养能力的直线经理都不能称为合格的管理者，直线经理不仅为团队绩效目标负责，还是团队组织能力打造的第一责任人。

戴维·尤里奇指出，企业直线经理督促人力资源部设定更高人才管理标准，但是人力资源管理的主要负责人是各级直线经理。直线经理才是人才培养的主体，主导团队成员的人才培养工作。直线经理不仅需要认同企业文化，向员工传递正能量，具有先公后私的品质，对他人投入时间进行带教，还需要具备不拘一格用人才的魄力和对下属进行客观公正评价的能力。

具体来说，直线经理在人才培养上的主要职责如下。

- 将人才培养工作作为团队的关键任务，监督落实人才培养工作。
- 合理规划所管人员的人才结构，识别出优秀且值得培养的人才。
- 投入时间向下属传播企业文化、进行带教、制订发展计划、及时反馈，在晋升之前培养出合格的接班人。
- 对培养对象进行客观公正的评价，确保其得到更合适的发展。
- 具有不拘一格用人才的气魄，敢于给培养对象试错的机会。

思想导师是员工成长方向的引导者

思想导师的职责更多的是关注培养对象的思想，及其个人的发展意愿，帮助其更好地融入团队，在价值观和文化上给予更多的引导，帮助培养对象心智的成长。

思想导师最早存在于部队。在基层，班长与指导员负责管理战士的日常生活与训练，也负责对战士的思想引导。作为一名合格的思想导师，需要较强的同理心，洞察他人内心的真实需求，还需要有足够多的耐心进行倾听。另外，培养对象需要有开放的心态，放心地分享真实想法。在执行过程中，思想导师一般需要对1～2名人员进行关注。

思想导师在人才培养中的主要职责如下。

- 与新员工的直线经理进行沟通，了解新员工的工作定位和工作意向。
- 与新员工面谈，借机了解新员工的家庭情况、知识结构、价值观与性格特点，解答新员工遇到的一些问题。
- 传递企业文化、核心价值观、行为规范以及领导的工作作风等。
- 了解员工的培养计划，掌握其成长状况，在不同的阶段给予一定的指引。
- 定期面谈，帮助培养对象解决成长过程中的思想困惑，如生活需要问题、工作压力问题等，帮助其真正解决问题。
- 对培养对象进行客观评估，帮助培养其出池。

思想导师应将自身的作用发挥到极致，让员工真正感受到企业不仅在关注业绩，同时也在真正地关心其心理和发展需求。一般情况下，组织会将基层员工的思想导师设定为中层管理者，目的在于让员工真实的内心诉求触达核心人员，让培养对象感知到被尊重和被重视，增加员工的归属感。

专业导师是工作精进的辅导者

专业导师充当教练和辅导员的角色，是工作的标杆，可以帮助培养对象系统提升专业技能，开发潜能并纠正其个人成长过程中的错误。

专业导师必须是业务骨干或技术带头人，需要具备较强的学习能力，能够进行知识的更新与迭代以保持竞争力,同时乐于分享,并拥有足够的耐心。

专业导师在人才培养中的主要职责如下。

- 对新员工的背景有充分的了解,了解其与工作需要的差距,同时对比任职标准,掌握其与发展目标的差距。
- 与培养对象协商制订一个培养计划,培养计划一式三份,导师、新员工和人力资源部或人才发展中心各存一份。
- 在日常工作中实现传帮带,一对一专业辅导,创造和提供机会让其参加培训,分享经验,帮助成长。
- 对发展计划进行阶段性回顾、复盘和调整。
- 对培养对象进行客观评估,帮助其出池。

专业导师的配置不仅适用于业务或技术型岗位的人才培养,同样适用于后台支持部门人员的培养。最好的做法是每个岗位都有相应的专业导师,以便最大限度地帮助个人提升能力。

在企业早期发展阶段,人才体系尚未健全时,直线经理除了扮演监督者,同时也可能扮演思想导师和专业导师的角色。部分企业有明确的导师角色,但会将专业导师与思想导师的职责划分给同一个人。具体的角色配置,企业可根据实际情况确定,但前提一定是让有培养能力的人去培养。当直线经理、思想导师和专业导师的上述职能发挥到位时,在很大程度上能够保证培养的效果。

企业在衡量团队培养能力是否欠缺时,也可以通过以下几个方面做出判断。

- 团队整体绩效是否出色。
- 团队成员每个人的绩效是否显著提升。
- 团队成员中是否有合适的接班人。

- 团队人才结构是否合理。
- 团队的敬业度是否不断提升。

培养能够培养的能力

如果说选择值得培养的人是前提，那么选择值得培养的能力是核心。

我们看到很多企业投入了大量的时间和精力，通过拓展训练或企业文化课程对培养对象的责任心、态度、价值观等进行培养，但收效甚微。基于心理学领域人格特质论的观点，人的特质具有一定的先天因素，很难改变。只有区分不同素质能力培养的难度，针对不同的能力采用不同的培养方式，才能确保投入产出比最高。对培养难度大的素质，侧重招聘获得；对培养难度小的能力，侧重培养获得。

借助冰山模型，我们可以对素质能力做出区分，如图2-4所示。冰山上的素质主要是指专业经验及水平，如学历、专业知识、操作技能等；冰山下的素质主要是指素质能力，如先公后私、聪慧敏锐、学习突破、成就动机、团队协作等。不同的管理学派，从能力资质、潜在特征和个性特征三个角度对素质做了说明。各个学派都表明，素质是一个个体的基本特征，包含动机、个性特征、自我认知、知识和技能等，决定了一个人是否能够胜任某项工作或很好地完成某项任务，是区分高绩效行为和低绩效行为的关键。在冰山上的素质中，专业知识是在对客观现实的反映过程中对相应经验的概括化结果，操作技能是在行为方式的练习巩固过程中对相应经验的概括化结果，因此改变起来相对容易。而冰山下的素质，如佩克和哈维赫斯特在《性格发展心理学》提到的，人的性格结构具有相对的稳定性，且直接影响个人的价值观、态度和自我形象，难以改变，但有改变的可能性。而动机是驱动行为最深层次的需要，托马斯·奥蓬（Thomas Oppong）的"动机性推理"理论认为，有时在铁定的事实面前，我们仍然难以改变固有的想法。对于符合我们价值观的新信息，我们会欣然接受，不符合我们价值观的新信息，我们则会带着批判性的眼光看待，很难直接接受。

图 2-4　能力的可培养性分析

从改变和影响的难易程度来看，从冰山上往冰山下改变的难度系数逐步增加。借用管理学理论，我们面向 532 位人力资源工作者和管理者，对常见的 105 项素质改变难易程度进行了调研。

根据调研结果，我们对素质项进行了三个类别的划分，具体如下。

- 第一类：易培养。这一类是无须过多依赖于基本认知能力、个性特征或丰富经验，略加指导即可习得的技能或知识，如 PPT 制作、商务礼仪、演讲演绎、数据分析等。
- 第二类：难培养但可培养。这一类是只要拥有主观改变和提升的意愿，经历大量的实践与训练，就可以加以改变的素质，如说服影响、资源整合、项目管理、时间管理等能力。
- 第三类：难培养且不可培养。这一类素质是指即使拥有主观意愿，经历大量的实践与训练，也难以改变的素质，如审美、善良、活力、成就动机等。

具体可参考表 2-5 素质能力培养难易程度分类。

表2-5 素质能力培养难易程度分类

维度	可培养性	素质能力
知识技能	易培养	专业学历、专业证书、岗位经验、行业经验、岗位技能、专业技能、行业技能、岗位知识、专业知识、行业知识、任务分解、阅读理解、数据分析、制度流程优化、会议组织、客户接待、演讲演绎、英语口语、职业化素养、办公软件操作、商务礼仪、计划管理、谈判能力
价值观态度	难培养但可培养	爱国情怀、风险管控、总结归纳、合作共赢、成本意识、精准高效、沟通协调、市场敏锐、钻研探索、团队协作、商业洞察、拥抱变化、用户思维、分析判断、开拓创新、客户至上、服务意识、系统思考、经营思维、说服影响、情绪管理、项目管理、组织推动、资源融合、目标导向、解决问题、统筹规划、培养他人、果断决策、战略执行、战略规划、组织塑造、识人善用、全局意识
性格	难培养但可培养	空杯心态、利他精神、求真务实、踏实可靠、坚持不懈、同理心、坚韧抗压、诚信正直、勤奋努力、责任担当、敬业精神、吃苦耐劳、先公后私、人际敏锐、廉洁自律、以身作则、开放包容、谦逊自省、坚持原则、临危不乱、审时度势、自律、亲和性、活力性、胆量、果断、善良、逻辑思维、灵活应变、严谨细致、聪慧敏锐、气质敏锐、乐观自信、先人后事
动机	难培养且不可培养	锐意进取、信念信仰、工作激情、精益求精、积极主动、学习持续奋斗、持续奋斗突破、卓越交付、成就动机、事业雄心

对企业来说，易改变和易培养的能力不作为人才招聘和培养对象筛选时的否决条件；对不能改变的素质能力，侧重于通过选择获得，若是该岗位缺一不可的素质能力，可作为人才筛选的否决项。对于难培养的能力，重点考查培养对象的意愿和需要投入的时间，当培养对象没有自我提升和改变的意愿时，或需要投入的时间和精力过多时，也应该果断放弃。

人才培养的结果不是期望每个人都成长为一个完人，重点是将培养的精力投入到与目标岗位存在差距，且可培养的素质能力上。

在实践中培养

3倍速人才培养成功的关键还有一个重点，即确定哪种培养方法最有效。

1996年，普林斯顿大学创造领导中心（Center for Creative Leadership，CCL）对191名成功高管的研究发现，这些高管保持成功的秘诀是得到了"721"的学习发展。所谓"721"的学习发展，即成人获得成长的方式约70%来自真实生活和工作经验、具有挑战性的问题和任务，以及解决问题和完成任务的过程，20%来自和其他榜样一起工作时不断观察、学习并及时反馈的过程，10%来自有计划、有结构的正式培训。

不难发现，在岗位上的实际锻炼是常用的人才培养方法。华为曾提出："将军一定是打出来的，是在工作实践中成长起来的，在战争中学习战争是能打胜仗、成为将军的最有效的方式。"我们将培养方法分为两大类：一类是培训和自我阅读学习；另一类是借用各种方法和渠道进行实践，常见的方法有轮岗、扩大工作职责、导师带教、行动学习等。从全面素质能力要求来看，培训和自我阅读学习对于冰山上应知、应会的知识技能的习得更有效。对冰山下能力，如战略规划能力、沟通影响能力等，则需要在实践中去提升。不同的群体，对应不同的能力，应该选择不同的培养方式，才能为 3 倍速的成长助力，具体可参考表 2-6。

表 2-6　不同培养内容的关键培养方式

培养内容	关键培养方式
专业知识	培训和自我阅读学习
行业知识	
企业文化与价值观	
产品体系与运营流程	
新知识	
企业制度规范	
客户接待	
会议组织	
制度流程优化	
数据分析	
任务分解	
办公软件操作	
……	
战略规划	轮岗 扩大工作职责 导师带教 行动学习 ……
沟通影响	
目标与计划管理	
培养下属	
统筹规划	
资源整合	
团队管理	
项目管理	
战略执行	
开拓创新	
分析判断	
商业洞察	
……	

值得一提的是，实践中培养的方法得当，培养的有效性也基本上得到了保证。根据实践中常用到的方法，下文将着重介绍轮岗、扩大工作职责、导师带教等方法在实际操作中的关键要点。

通过轮岗全方位培养

从岗位胜任能力的角度来看,不同层级、不同岗位的人员,其思维方式、所需要的专业技能及所需处理的任务有着较大的区别。员工在从低级别管理者成长为高级别管理者的过程中,所需思维方式、专业技能和管理能力,存在此消彼长的关系,如图 2-5 所示。

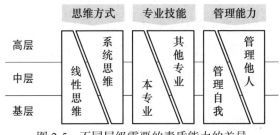

图 2-5 不同层级需要的素质能力的差异

- 思维方式的此消彼长。由基层向高层成长的过程中,一定要经历思维方式的转变,具体表现为工作中线性思维的比重逐渐变少,系统思维逐渐变多,如战略思维、洞察能力等。
- 专业技能的此消彼长。随着职位的升高,与本专业领域以外的人和事的交互必然增多,完成工作时所需的其他专业领域的知识将逐渐增多。
- 管理能力的此消彼长。随着职位的升高,管理他人的能力必须逐步提升,在管理自我与管理他人两方面的能力和精力此消彼长。

华为干部的"之"字形成长路径,是通过轮岗实现的。在华为,有管理潜力的人才通过基层实践选拔后,会进入培训和训战结合阶段,此时公司提供跨部门、跨区域的岗位轮换,培养基于业务需要的周边工作经验,确保对干部的培养更复合,更能满足长远发展的需求。从个体的成长发展路径来看,管培生需要具备业务的全局思维,高层管理人员需要对企业的整体运营有全面的理解,这样在做重大决策时就能以更高的视角看问题,逐步形成战略思维。跨部门的轮岗能够让员工了解企业不同部门的工作重点，鼓励其换位思考，培养多元化思维。因此，设置轮岗的培养方式，有利于培养复合型人才。

轮岗一定要有特定目的、有计划地实施，不能盲目地将员工放置在无关的岗位上，即前后岗位间落差、跨度不能太大，否则无法达到轮岗的目的，甚至可能适得其反。需要注意的是，适合轮岗的培养对象，是那些未来定位为全方位且核心岗位的人员，不是所有的人员都适合轮岗，不同的个体轮岗的计划也需要定制化设计。

另外，轮岗的培养效果比较显著，但其实施成本较高，企业需要有一定的容错能力才能让轮岗计划顺利开展。

扩大职责，实现能力突破

不同的成长阶段，有不同的岗位胜任度要求。当员工被赋予某个职位的职能，一定是他能够处理好该职位比较有挑战性的难题。在人才成长的过程中，企业需要扩大被培养者的工作职责，赋予其挑战性难题，实现其目标岗位能力的突破，使其成为一个目标岗位的胜任者。

美国哈佛大学教授威廉·詹姆斯在一项对员工的激励研究中发现：按时计酬的职工每天一般只需发挥20%～30%的能力就足以保住饭碗。如果能充分调动其积极性，他们的潜力就能发挥出80%～90%。根据工作压力理论，对有强大学习能力的高潜力人才，赋予其挑战性的任务，扩大其工作职责，有利于激活其内在动力和潜力，促使其在不断挑战新任务的过程中实现思维跃迁和能力升级。

孤注一掷的高管培养

武相地板是长江三角洲地区地板出口行业的前十强之一。凭着集团总裁在行业内积累的经验、资源及对市场的敏锐判断，外贸地板营收以每年30%以上的速度稳步递增。近年来，该企业看好国内市场，用了五年多的时间布局：引进"国外奢侈品地板"和打造"国内智能地板的线上及线下运营"两个业务板块。

虽然前期投入了大量的资金和人力成本，但仍未实现营收平衡。经过分析发现，问题并不源于这两个板块的战略方向、品牌定位及市场策划，而是源于两个板块的负责人：其一，行业经验丰富，市场开拓能力强，同时拥有每年主盈利超过500万元的自营店；其二，国内智能地板责任人，行业经验丰富，经营思维、内部管理能力及公司认同感较差，同时自己也在经营公司。这两个板块负责人的典型特点是：只是"贡献鸡蛋的鸡"，不会为公司利益投入全部精力，业务思维强于内部管理能力。

经过几年试错，在德锐咨询的建议下，武相地板总裁准备孤注一掷，放弃外聘职业经理人的念头转而培养外贸总经理来负责国内业务。如果这次失败，那么国内业务会暂时搁浅，外贸业务亦有很大可能遭受损失。对外贸总经理凌总来说，这无疑是个巨大的挑战，因为他不仅需要扩大职责，兼顾外贸业务的发展，也要对国内业务的整体发展负责。过去10年，他凭借对公司的忠诚、极强的学习能力、以客户为中心的思维对外贸做出了巨大的贡献，而内贸的品牌策划、市场营销等对他来说都是陌生的。但是在总裁的支持下，他全面负责国内市场的营销、市场，最终实现了国内品牌从0到1的突破。虽然经历了很多坎坷，但内销业务在一年半的时间内实现了扭亏为盈，集团也更好地实现了外贸业务与内销业务的融合。这段经历不仅锻炼了他的综合管理能力、全局意识和市场品牌策划能力，更为公司培养了一位得力"接班人"。

不难看出，扩大工作职责是一个非常有效的在实践中培养能力的方法。根据岗位的不同，扩大工作职责有着不同的关键事件任务，可以是拓展当前任务、临时代理任务、横向职务调动或是赋予新岗位任务，无论是哪种方向，都需要保证任务实现具有一定的挑战性，能够培养出一种或多种关键能力，或者帮助培养对象认识到关键能力的不足，进而持续地保持学习与进步，逐步实现不同阶段能力上的突破。

导师赋能贯穿培养始终

前文提到，针对中层管理者的培养，专业导师和思想导师分别在专业能力的提升和思想的辅导上承担重要作用，一方面他们需要结合培养对象的特点帮助其制订发展计划，另一方面在培养对象成长过程中也需要给予具体的反馈及工作上的指导，要能在真正意义上全面提升培养对象的能力。因此，除了具备上文提到的素质能力，导师还需要掌握相应的工作方法和技巧，如在专业上帮助培养对象制定学习地图、5R 教练技术及具体实践指导方法。

1. 制定学习地图

学习地图是以任职标准为基础的，结合岗位胜任和能力发展需要，以能力发展路径和职业规划为主轴而设计的，让培养对象的学习路径有直观体现的一系列学习活动。这些学习活动可能包括传统的课程培训，也可能包括其他的诸多新兴学习方式，如轮岗、任务历练、他人带教、在线学习、集中培训等。

一般情况下，学习地图由人力资源部主导，协同直线经理和模块专家通过共创的形式提炼而出，包含培养内容、培养方式、学习方式等方面，具体可参考表 2-7。

学习地图完整地将培养中的关键因素有机地结合在一起，员工借此可以找到从新员工进入企业开始，直至成为公司最高领导人的学习发展路径。企业可以根据需要设置不同周期、不同岗位的学习地图，如业务条线学习地图、管理条线学习地图。学习地图的完整运作需要企业有一定的知识沉淀，且在运用的过程中需要被不断迭代，并助力企业知识的不断深化和内化。部分企业习惯在培养过程中将其与常用的个人发展计划（individual development plan，IDP）结合起来使用，让培养对象更有方向感。

表 2-7 新入职销售人员学习地图

培训阶段	能力项	制度学习	集中培训	线上学习	任务历练	导师指导	考核方式
入职第一周	岗位职责	部门手册	本部门职责、组织架构及各岗位职责	如何做好一名销售人员	—	—	书面考试
	商务礼仪	—	着装、化妆、礼貌用语等	销售人员如何保持好外在形象	—	—	模拟演练
	产品知识	产品手册	公司产品讲解	耗材产品介绍	—	—	书面考试
	销售知识	销售管理手册	《业务流程培训》	—	车间现场见习	解释手册不理解之处	模拟演练
入职第二周	客户开发	销售管理手册	《客户开发概述（含系列工具）》《开发信模板》	如何合理制订客户拜访计划，影响大客户销售的四大因素	通过现有潜在客户数据库进行客户挖掘	指导挖掘技巧	书面考试
	客户沟通技巧	销售管理手册	《电话沟通话术》《客户开发案例分享》	销售人员如何做到以诚待客；如何提高电话沟通技巧	见习客户沟通会议	—	模拟演练
	行业、市场、客户分析	销售管理手册	北美、欧洲等不同区域客户开发注意事项	市场营销压力分析	阅读客户分析报告，并进行心得报告	—	书面考试
	报价	报价指导书	《报价策略》《报价模板》	—	进行基本报价	指导成本结构及报价原则	实践操作
	客户接待	销售管理手册	《公司接待流程培训（含案例分享）》《展会接待礼仪》	销售代表如何做好言谈礼仪	1. 见习客户接待 2. 见习参加客户会议	指导接待客户前准备工作	模拟演练
	客户处理	客户服务控制程序	《投诉流程处理》《常见投诉类型分析及对策培训》	客户抱怨为何物	简单客户投诉处理跟单	指导客户投诉处理原则	书面考试
入职第三周	客户维护	销售管理手册	《客户关系管理（含家得）》《出差拜访攻略》《翻单以及市场开发》	—	—	—	—
	商务谈判	销售管理手册	—	让商务谈判变得简单高效	见习与客户议价的电话会议	亲自示范及会后说明	—
	相关专业知识	—	基本财务观念、工艺知识	销售人员如何精通专业知识	—	—	—

2. 教练式面谈

在辅导的过程中，导师需要承担一部分教练的职责，在帮助培养对象解决问题、锻炼能力的同时，也需要走进其内心，建立长期友好的师徒关系，帮助培养对象长期成长。心理学研究发现，在寻求帮助时，80%的人已经有了答案，他真正需要的是一个帮助他确认答案的人。所以在选择合适的培养对象时，导师需要相信培养对象有无限的潜能，引导他从自己身上找到答案，而这个前提是需要导师与其建立充分的信任关系，真正走入员工内心，才能更好地帮助个体成长。因此，导师需要掌握相应的教练技术与技巧，从建立关系开始帮助个体成长。

5R教练技术被较多地用在员工赋能中，该教练模型由郑振佑（Paul Jeong）博士根据国际教练联合会认证的11项核心教练技术发展而来。它强调从走进员工的内心开始，与培养对象建立关系、帮助其明确目标、认识现状和挑战，帮助培养对象找到解决问题的办法及执行相应的计划并监督其改正，具体的操作步骤如表2-8所示。

表2-8 5R教练技术操作步骤

5R流程	内容
关系形成（relation）	• 构建与培养对象之间相互信任的关系 • 让培养对象相信你是来帮助他的
目标设定（refocus）	• 能够准确地找出对方谈话的主题和目标 • 帮助对方将目标具体化
现实认知（reality）	• 倾听目前面临的困难、问题和挑战 • 找到当前与未来的差距
解决资源（resources）	• 帮助培养对象找到解决问题的资源和方案，从各个方案中选出最有可能实现的方案 • 让他清醒地认识到自己拥有改变的能力、拥有解决问题的方案 • 激励和支持他通过自身找到最佳方案
执行责任（responsibility）	• 为了完成自己的目标、解决问题而制订的具体行动计划 • 让培养对象接受教练成为他计划的执行检查和支持的人

5R教练技术的熟练应用让导师培养他人变得更加容易，也让培养对象在被教练中获得成长，并能真正地激发培养对象自身的潜能。有

关教练技术在人才发展中的具体应用，在后续的章节中有更具体的应用呈现。

3. 实践指导四步法

作为专业导师，除了告知培养对象什么是正确的道理，还需要告知其如何去做。只有让培养对象知其然亦知其所以然才能保障其有输出的能力。我们在关于管理人员培训的过程中归纳出了高效的十六字方针："先说不做，边说边做，我做他说，他说他做"，以期真正地在专业技能提升辅导方面产生作用和价值。

第一步：先说不做。导师做到真正将任务背后的原理讲述清楚，杜绝直接要求按照自己的做法去执行，否则很有可能只解决了任务短期交付问题，培养对象做不到理解就无法做到举一反三，也就不能从根本上解决此类问题。

第二步：边说边做。导师在讲解的过程中进行演示，重点讲述在实际工作应用中可能遇到的难点和痛点。

第三步：我做他说。在实际操作的过程中，培养对象可以说出自己的理解和疑问，正所谓"情景代入式学习"，将问题前置，由导师给予解答。

第四步：他说他做。培养对象亲自操作一遍，在做的过程中说出自己的收获、困惑、复盘与总结，在此基础上，导师进行辅导与帮助。

这十六字方针使导师在专业技能传授的过程中，做到了真正的闭环，确保达到高效成长的效果。

"企业现在无人可用，一定是3年前没有花精力进行人才培养"，按照3倍速的人才培养模型去执行培养方案，可以解决大部分中层管理干部人才培养的问题。除此之外，企业一把手也需要坚持长期主义，将人才培养工作置于企业发展的重要位置，构建企业人才培养落地的土壤和机制。这些机制的运转，一方面需要企业严格遵守培养对象的选拔标准，确保培养对象是值得培养的人,并在过程中遵循"拔苗助长"式培养的方法,充分激发个体的潜能,让每个个体发挥最大的创造价值;另一方面,在培养的过程中持续对培养对象进行考查与关注,对于培养过程中出现不符合公司价值观的行为,或不愿意被培养或者业绩表现不佳时做到及时优化和调整,及时止损。

德锐咨询建议企业在有效的机制配合下,采用3倍速的人才培养模型指引企业开展人才培养的工作,针对不同的群体设计不同的人才培养实施路径。具体方案将在下文不同章节进行详细介绍。

■ 关键发现

- 企业培养过程中需要重点关注的群体:对外,主要是管培生和新进管理者;对内,主要是现任管理者和优秀骨干。
- 值得培养的人需具备三大特征:一是具有先公后私的品质,与公司价值观相符;二是具有高潜力,具有可塑性与可成长性;三是高绩效,符合现阶段岗位的需要。
- 培养不是福利,不能"雨露均沾"。
- 在培养对象的成长过程中,企业家、直线经理、思想导师、专业导师都扮演着重要角色。
- 易改变和易培养的能力不作为人才招聘和培养对象筛选时的否决条件。
- 对于难改变且不能改变的素质项,企业应侧重于通过选择获得,若该素质项是该岗位无法缺失的,可将其作为人才筛选的否决项。
- 对于难培养可培养的能力,企业应重点考查培养对象的意愿和需要花费的时间,当培养对象没有自我提升和改变的意愿或需要花费的时间和精力过多时,企业应果断放弃。
- 培养方法整体上分为两种:一种是培训和自我阅读学习;另一种是借用各种方法和渠道进行实践,常见的方法有轮岗、扩大工作职责、导师带教、行动学习等。

Triple Speed Talent
Development

第 3 章

管培生"拔苗助长"式培养

> 我们要着手培养、提拔一大批年轻人,构建更具活力、更有进取心的各级前线指挥团队,在战斗中快速成长。
>
> ——雷军

管培生是指值得企业集中使用各种资源进行自主培养的具备管理潜质的优秀校招生。与普通的应届生不同,管培生的培养以为企业输出稳定的中高层为最终目标,企业可以通过针对性的路径设计,帮助管培生实现 3 倍速的成长。对企业来说,管培生既是人才供应链的清洁源头,也是中高层管理者最坚实、最稳定的来源;除此之外,管培生项目的运营和实施还可以有效增加企业对具有领导潜能的人才的吸引力。

以京东为例,京东的管培生培养目标是"培养一群真正具有京东价值观的、能在未来为京东挑起大担的人才"。10 年来,京东共招收管培生 600 余名,其中两人晋升为副总裁,20 多人晋升到总监级别,该管培生项目为京东多个核心业务部门培养了一大批优秀人才,助力了京东的快速扩张与发展。成功的管培生培养体系，不仅可以助力企业快速培养优秀的领导人才，还可以帮助组织保持良好的竞争能力和持久的竞争优势。

管培生3倍速培养模型

根据统计，中国每年有900万应届毕业生参加工作，但仅有1%接受过企业的系统培养。一些企业认为，把管培生从"小白"培养为"高管"需要的培养周期过长、投入成本过高，所以索性放弃管培生的招聘，一味地依赖空降高管。殊不知这种因噎废食的行为会导致企业的人才供应链始终处于断层状态。事实上，如果企业设计出合理的管培生培养体系，就可以让管培生以最快、最有效的状态成长为组织想要的人才。德锐咨询经过长期的研究及项目实践得出表3-1的管培生3倍速培养模型，企业可通过定制化的职业路径设计为管培生营造成长所需的空间和条件。

表3-1 管培生3倍速培养模型

管理者来源	培养值得培养的人			让有培养能力的人来培养	培养能够培养的能力	在实践中培养
	冰山上	冰山下	筛选条件			
管培生	有领导力的学生干部经历	1.先公后私 2.聪慧敏锐 3.成就动机 4.学习突破 5.团队协作	大胆自信	1.人力资源部 2.导师 3.直线经理	1.专业知识 2.行业知识 3.管理能力	1.导师制：制订个人发展计划 2.学习训练营 3.在职培训 4.行动学习

从未来的可成长性看，与一般性的应届毕业生相比，"值得培养的管培生"的画像要求更高。在选择"值得培养的管培生"时，企业不仅需要关注其冰山上的有领导力的学生干部经历，还要重点关注冰山下的管理潜能类素质。具体来说，管培生冰山下的素质除了要满足前文提到的先公后私、聪慧敏锐、成就动机、学习突破、团队协作外，还需要特别具备"大胆自信"的特质。

选到"值得培养的管培生"后，需抓住管培生成长的关键期，对他们进行系统性的培养，培养内容主要集中在专业知识、行业知识和管理能力三个方面。常用的培养方法有导师带教、学习训练营、在职培训和行动学习等，通过接受在实践中的培养，管培生可快速掌握需要学习的知识和技能。

以高管的标准招聘管培生

选择管培生的目的是给企业中高层输血，所以企业在选择管培生时，需重点考查其是否具备管理者的特质，冰山上的筛选条件是具有有领导力的学生干部经历、冰山下的筛选条件是具有大胆自信的特质。

有领导力的学生干部经历是管培生冰山上筛选条件

很多企业在招聘管培生时，往往会一味地"掐尖"，将招聘范围锁定在"211""985"及"QS100"等院校的学生，但是只关注学历、成绩等冰山上的素质，很有可能让企业错失一名具有管理潜力的优秀人才。一般而言，在学习成绩排名前1%但没有有领导力的学生干部经历的同学和学习成绩排名前10%且有过有领导力的学生干部经验的同学之间，我们更倾向于选择后者，因为他们更具有组织及领导他人的意愿和能力，对自己发展过程中综合能力的要求相较其他仅关注学习成绩的同学也会更高。此外，做好学生干部工作不仅需要这些同学具备较强的规划力、组织力、决断力与遇事应变处理能力，还需要有充分调动学校内外资源及班级同学积极性的能力。

因此，在管培生招聘过程中，有偏向性地青睐有领导力的学生干部，是企业比较精准地选拔具备管理特质候选人的方法。在满足基本要求的前提下，企业也可以将应届生管培生人才吸纳条件放宽至两年之内毕业的优秀大学生，这种做法在确保企业可选择的管培生数量充足的同时，能够保留其较高的文化可塑造性。

需要注意的是，"来自有领导力的学生干部"的要求并不意味着只要候选人有学生干部的头衔就可以,在担任学生干部的过程中有所收获并真实地参与其中才是选择"合适的管培生"需要关注的重点。

在识别优秀的管理干部时,企业可借鉴德锐咨询所著《人才画像》一书中详细介绍的行为面试法则,对他们曾经的管理干部经历进行提问,并用"STAR"[一]面试法对这段经历的具体背景、当时的任务、所采取的行动及产生的结果进行进一步追问。例如提问:"请介绍你在担任学生干部期间组织的最有影响力的活动是什么?""担任学生干部期间,你为组织解决了哪些问题,创造了什么价值?"并进一步追问:"具体的时间是在什么时候?当时为什么做这件事情?具体的任务是什么?你在其中做了什么?克服了哪些困难?最终产生了什么样的结果?"等。

大胆自信是管培生冰山下筛选条件

识别出来真实的有领导力的学生干部经历,只是确定了第一步冰山上的部分,更重要的是冰山下的特质。作为中高层管理力量的储备人员,管培生同样需要满足管理者通用素质:先公后私、聪慧敏锐、成就动机、学习突破、团队协作。精准识别管培生的"冰山下"素质,仍然可以使用"行为面试"法则,结合管培生的管理经历,对过去真实发生过的行为进行提问。通过具体的行为对冰山下的素质做出评价,进而判断其是否符合管培生的素质要求。

与已经有一定工作经验的管理者不同,管培生踏入职场后面临的是与学校完全不同的环境,一切都需要从零开始。优秀的管培生,往往将工作当作自己的事业来做,在工作上表现得更热情、更积极、更专业,且有更远大的职业目标,遇到挑战时迎难而上,想办法解决;相反,缺乏"大胆自信"品质的管培生在面对困难和挑战性的工作时往往消极敷衍,不愿接受挑战,无法实现突破,也就很难胜任高难度工作。

管培生自身的价值观及未来的发展潜力在很大程度上决定了其是否

[一] 即情景(situation)、任务(task)、行动(action)和结果(result)。

可以与企业共同发展，也决定了可培养的空间。不够大胆自信的人，在面临挑战性的工作时会因为害怕失败而过度小心翼翼，甚至是抗拒，进而错失锻炼和进步的机会，也就很难有理想的成长速度。毛泽东主席曾说，"自信人生二百年，会当水击三千里"[1]，管培生也是一样，只有具备大胆自信的特质，才能更好、更快地发展。

大胆自信作为能够培养但不易培养的素质，是选择管培生的门槛条件。面试过程中的考查话术可参考表3-2。正所谓，冰山下缺一不可，企业应严把招聘入口，精准选择合适的管培生，减少管培生培养过程中的难度。

表 3-2 管培生人才画像卡

考查项		精准提问话术
冰山上	学历	本科及以上学历，专业不限
	有领导力的学生干部经历	请分享，你在担任学生干部期间组织的最有影响力的活动
		请分享，在担任学生干部期间，你为团队做出最大价值的活动
冰山下	先公后私	请分享，你不顾得罪人而把事情做正确的例子
		请分享，你成功抵挡外部较大诱惑，维护集体利益的例子
		请分享，在过去学习、实习或生活中，你主动承担别人不愿意承担的任务的案例
	聪慧敏锐	请分享，你在学习上遇到的一个最大困难，你是如何解决的
		请分享，你敏锐观察同学或老师核心需求的事例
		请分享，在学校或以往实习中，由你提出而别人没有想到并且被大家采纳的建议或想法
	成就动机	请分享，过往经历中，你给自己设定的一个具有挑战性的目标并且成功实现的案例
		请分享，过往经历中，你最有成就感的一个事例
		请分享，你设定的一个别人觉得不可能实现的目标，但你为之付出努力的例子
	学习突破	请分享，最近在看的一本书或学习的课程是如何应用到工作中的
		请分享，你在学习上遇到的一个最大困难，你是如何解决的
		请分享，你比他人较快掌握一项技能的事例

---

[1] 出自毛泽东的《七古·残句》。

(续)

考查项		精准提问话术
冰山下	团队协作	请分享，你遇到最难合作的团队或同学，你是怎么处理的
		请分享，你与他人合作完成的一个有挑战性的任务的例子
		请分享，过往团队合作经历中，你遇到最大的挑战是如何处理的
	大胆自信	请分享，你主动在众人面前出色展示你优秀才华的例子
		请分享，你遇到他人挑战质疑时，依然保持自信并推动完成任务的经历
		请分享，面对他人不敢担当的任务，你主动请缨，接受挑战的事例

管培生 3 倍速成长六阶段

筛选出值得培养的管培生只是第一步，以培养企业未来发展竞争中所需要的中高层管理者为最终目标，确保好的苗子能够适应企业文化、在不同的阶段掌握不同的知识技能并发挥其相应的作用才是管培生培养最关键的环节。所以无论对企业还是对管培生个体，科学合理的培养路径是确保 3 倍速成长的关键。

从下述自述案例——《李雷 3 倍速成长日记》中，我们可以清晰地看到他是如何一步步在科学的培养路径下被牵引着快速成长的。

李雷 3 倍速成长日记

我叫李雷，作为管培生，今年已经是我加入公司的第五年了。就在上个月，我刚刚被任命为研发板块总负责人。又是一年毕业季，看到一群洋溢着年轻笑脸的小伙伴加入公司，感慨颇深，不禁将我拉回到了五年前的那个秋天。

快速融入篇

第 1 天：穿上早已准备好的职业装，满怀着对工作的好奇和期待，想到自己被百里挑一选入公司，信心满满地想要成就一番大事业！来到公司后，人力资源部的培训负责人带领我们一批管培生参观了公司，详细介绍了公司的发展历程和公司的关键展厅，并展开讲述了后续的五年培训计划，当时我感觉自己被寄予厚望，暗暗下定决心一定要好好努力，不能辜负公司的期望。现在想想仍然被激励着。在这一天，我与我的导师一起共进了午餐，并进行了一次面谈，至今被他的专业折服。

第2天：正式开始了为期一周的军训，36℃的气温下、站军姿、长跑、正步，每一项都感觉好难坚持，一天、两天、三天……有的小伙伴撑不下去，中途选择离开。虽然当时的我也觉得很累，但还是咬牙坚持了下来……就这样坚持到军训结束。由于我对自己的严格要求，获得了"军训标兵"的称号，这是我入职后的第一个奖项，到现在还记忆犹新！除了军训，公司还组织大家进行了团队拓展训练、篮球赛、演讲比赛等各种活动。在这个过程中，大家一起互相鼓励与协作，结识了很多小伙伴，也对公司"奋斗、激情、创新、服务"的价值观有了更深的理解。现在这个栏目成为管培生进来的第一关考验，虽然其中环节不断调整，但被保留了下来，并被命名"突破007"。

第10天：军训之后，公司安排了集中的培训，整个过程安排得特别紧凑，让我更好地了解公司的企业文化和规章制度，还有基本礼仪和职业素养要求。培训后会在第一时间接受考试，这帮助我快速打好了职业化基础的第一步。

转正考试篇

第100天：记得这天，和我一起入职的王华因为转正考核没有通过离职了，虽然公司已经酌情延迟了1个月的试用期，但是他觉得自己无法满足岗位的需要并且不太适应快节奏的工作，所以选择离开。这也是第一次，我意识到工作与校园学习的区别……

轮岗学习篇

第150天：虽然我的目标岗位是研发，但培训期间我还是有机会轮岗了生产部门。每一条生产线的班组长都是我们的"临时导师",我在过程中有任何疑问都会得到全程指导。当时就觉得有这样能了解公司产品全流程的机会,感觉十分幸运。每周我都会按照公司的要求对一周的学习和收获进行总结,并总能收到专业导师和思想老师的回复。收到他们的回复也是我最开心的时候,让我觉得被时刻关照着,同时我会根据他们提出的建议做及时的调整与复盘。另外,让我记忆犹新的是,在生产线实习的过程中,我们几个小伙伴也同步在做行动课题,不同的阶段都可以帮助解决一个实际生产和研发过程中的问题,一起作战解决问题的感觉特别棒!

定岗定导篇

第190天(入职满半年):经过6个月的轮岗学习,对公司产品的整个生产过程有了整体了解,也学习了不同条线的知识框架和体系。6个月后是正式定岗的第一天,如我所愿(因为不是所有人都能选择自己想去的岗位),给我定的岗位是研发工程师。据说通过专业委员会的考查,我最匹配的岗位是研发工程师。同时重新确定了我的两位导师:一位是专业导师,另一位是职业生涯导师。在确定导师后的第二天,两位导师就根据岗位上学习路径图帮我一起制订了个人发展计划,虽然感觉新岗位上充满了未知和挑战,但是想到有导师在,就很安心。

专业提升篇

第500天(入职1.5年):正式定岗已经快一年了,按照当初制订的个人发展计划,经过一年的学习和实践,自己的知识体系和专业能力已经获得了快速的提升,不仅可以独立完成工作,有时还可以帮助新加入的小伙伴们解决问题。现在回想当时的成长过程,很快被逐步授权独立负责一款产品的研发,由于经验不足,出现了很多不应该出现的问题,但这个时候我得到的不是指责,更多的是鼓励,他们帮助我一起解决问题。尤其是在项目交付的关键节点,自己尝试多种办法都无济于事时,总能够得到专业导师的专业指导，常常会有一种柳暗花明又一村的感觉，不断激发我寻求自我突破。现在的我，像我的专业导师那样，对我的弟子，总希望他们快速得到成长。

初任管理篇

第1000天（入职3年）：我的职位是第二次晋升了，已经成为带领50人团队的领导者了，有一天，部长把本年度最大的一个项目交给了我。当时虽然有些压力，但更多的感受是被信任。为了更好地胜任该岗位，我接受了一系列的培训，如项目管理、团队管理、沟通技巧、工作计划管理等。依稀记得当时这个大项目的难度，不再是自己干好活，还需要让大家齐心协力一起干好活，同时也需要跨部门的协作。尤其在交付的时间节点，需要测试组配合测试，但是由于没有提前沟通，与测试团队的工作出现了冲突，一度出现团队成员情绪控制不住的局面。为了更好地完成这个项目，我亲自与测试部门做了多次的沟通，和他们一起找问题，协同团队一起解决问题，同时与客户不断对接需求，最后确保项目如期交付，着实体验了一把"胜者举杯欢庆，败者拼死相救"的快感。该项目也因为后期客户关系维护得不错，取得了长期合作。

新上任的这一年，让我多了些白发，但欣慰的是收获了一个富有战斗力的作战团队。

挑战历练篇

第1500天（入职4年）：这一年，公司业务得到了突飞猛进的发展，公司准备拓展新的业务板块，成立了新的研发事业部，并由我负责新的部门建设工作。接到这个任务时，我觉得公司不负责任，将这样重大的一项任务交给一个在管理岗位不长的人员。所以，一开始我是拒绝该项任务的，为此，我还找了直线经理进行询问，得到的回复是看到了初带团队的成绩，也希望锻炼我构建一个团队的能力。当然，公司为了支持我开展这项工作，指定直线经理给予我专业的指导，配置人力资源业务合作伙伴（HRBP）支持我团队的搭建，这才让我放心。

现在回想起来，即便这样，我也确实走了不少弯路，在研发方向上、团队组建上都给公司带来了一些损失，不过年度述职提到这些时，公司给出的反馈是：公司做的是长线投资，不在乎短期的损失。也是带着这份信任，我更主动地投入到该岗位上，付出百分之百的努力。

担任中层篇

第1900天（入职5年）：过去一年的付出，让新部门各项工作开展得都比较顺利，我也一步步地变得更加坚定和成熟。而这年研发部门的负责人轮岗去了集团别的业务板块，我也被正式任命为研发部门的总负责人，负责的研发团队人数超过了80人，此时觉得肩上的担子沉甸甸的，但是经过前几年的摸爬滚打，我也已经做好了准备，相信自己可以迎接这样的挑战。正在这个时候，公司给我安排了一系列的培训，等待被赋能。

回想入职的这几年，从刚毕业的管培生到正式成长为一名公司的中层管理者，与一起毕业的同学们相比，虽然过程痛苦，但在这里我已然实现了比他们更快的成长。现在看来，我们成长的每一步都是经过精心设计的，推着我们往前走！

企业在设计管培生培养方案时，不仅需要深刻了解管培生成长的规律，尊重管培生的个体化成长差异，在不同阶段有针对性地设置培养路径和方法，还要做到有的放矢，充分调动他们成长的积极性，从而达到3倍速的培养效果，进而更快地为组织创造价值。

德锐咨询经过多年的项目实践及标杆研究，结合管培生不同时期的发展情况，以不同阶段成长需要的能力差异为基础，采取不同的培养形式，最终打造出"管培生3倍速成长路径"，将管培生关键的培养节点划分为以下六个阶段，如图3-1所示。

第3章 管培生"拔苗助长"式培养 57

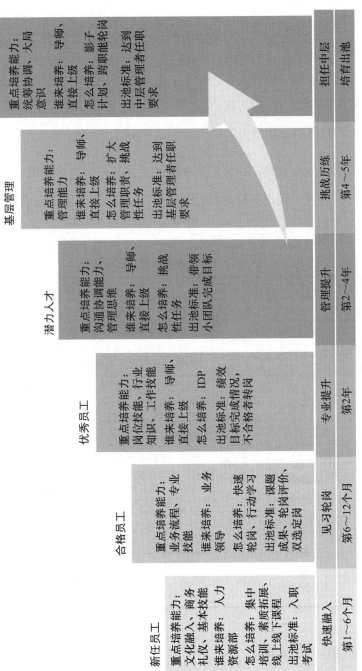

图3-1 管培生3倍速成长

- 第一阶段：快速融入。
- 第二阶段：见习轮岗。
- 第三阶段：专业提升。
- 第四阶段：管理提升。
- 第五阶段：挑战历练。
- 第六阶段：担任中层。

为真正实现管培生"拔苗助长"式成长，企业应当考虑在管培生的不同成长阶段，提出不同的目标要求，对应差异化的培养内容规划，具体如表3-3所示。

表3-3 管培生不同阶段的培养规划

时间阶段	培养目标	培养手段	培养规划
1～6个月	快速融入	集中培训	入职拓展、集中培训，提升管培生的职业素养
6～12月	角色转变	轮岗导师辅导	重点业务条线轮岗学习。让管培生对各轮岗部门的目标任务及主要工作模块有清晰了解，了解公司整体运营模式，完成从校园到职场的角色转换
第2年	专业技能	导师辅导在岗实践	管培生试岗及定岗。轮岗结束后，进行定岗。重在岗位深度学习成长，独立开展工作，同时配备双导师密切关注管培生的成长发展。在此期间能够很好地完成岗位职责，成为部门骨干员工，具备岗位提升的条件
第2～4年	管理能力（目标管理）	扩大工作职责	成长为初级管理者。培养其能够独立负责一个模块的工作，具备制定工作目标和计划的能力，能够通过团队管理达成工作目标。重点培养计划及目标管理能力
第4～5年	管理能力（统筹管理）	挑战性任务	在初级岗位上经过充分锻炼。重点培养组织协调能力及统筹规划能力，能够在更大的管理范围内胜任组织管理的角色，成长为经理级中层管理者
培育出池	管理能力（全局意识）	培养出池	中层管理者更高的成长。重点关注其全局意识，优秀者进入总监级高级管理者行列，为公司做出更大的贡献

第一阶段：快速融入

入职的前半年是管培生与企业产生情感连接及组织认同感的关键时

期，此阶段定义为管培生的"快速融入期"。在这个阶段，员工冲劲大、有热情、可塑性强，如何让管培生快速融入企业，帮助他们在掌握职场技能的同时增强企业认同感和归属感，并把这种热情转移到工作中，完成"校园人到职场人"的意识转变，是这个阶段的关键挑战。因此，满足管培生融入期的需要在量身定制培训内容、导师制双管齐下及紧密考核跟踪三个方面显得尤为重要。

1. 量身定制培训内容

企业是管培生踏入社会的第一站，帮助他们学习步入职场和融入企业的基本技能，加速从校园人到职场人的角色转变，让他们更有信心直面未来遇到的挑战，是快速融入阶段培训设计的关键。

从新员工加入心理状态的成熟度看，入职融入阶段的课程设计可以情感态度线为主，以知识线和技能线为辅，培训的内容可从团队融合、角色转变、文化认同和管理认知四个方面依次设计培养内容，这四个方面在管培生融入期发挥着不同的作用与价值，具体如下。

- 团队融合：通过军训、素质拓展及集体文艺展示等活动，管培生可以开放心态，彼此破冰统一战线，建立团队意识，形成良好的内部合作氛围，增强团队荣誉感和使命感。
- 角色转变：帮助管培生重新完成自我定位及自我认知，明确在企业当中的角色定位。通过集中授课，管培生可以了解职场对于人员的要求与标准，从意识、心理和习惯等方面完成从学生到职场的角色转变。
- 文化认同：为增强员工对企业文化的认同感，企业可以从业务模式、发展历程、荣誉表彰等多方面增强管培生对企业的认知；从企业愿景、使命、核心价值观等方面进行引导；通过企业规章制度等方面的培训，增强管培生在实际工作中的合规与红线意识，从一开始就帮助管培生树立正确的企业文化观。

- 管理认知：企业通过培养管培生工作中所需要的职业素养与工作技能，包括思维结构、商务礼仪、时间管理等素养，以及办公过程中办公工具的使用和工作流程等实用性工作技能，让其形成基础的管理认知，更好地理解工作中的任务，进而帮助其树立工作的胜任度，提升自信心。

在培训过程中，企业可通过素质拓展、线上学习、线下集中授课、实践活动等多种形式加强管培生对企业未来管理者所需素质、技能的认知。从培养的效果及员工的接受度上看，一般建议一个月为宜。具体的时长，每家企业可根据组织规模、管培生人数及资源、选择的培训内容做出差异化的设计。M公司管培生入职一个月的培训计划如表3-4所示。

表3-4 M公司管培生入职培训计划

序号	培训方式	内容	时长
1	了解企业	企业整体介绍及参观，培养计划介绍	1天
2	座谈会	高管见面会	0.5天
3	军事训练	军姿、拉练、军体拳等学习	7天
4	拓展训练	破冰、素质拓展、团建活动、演出排练及会演	7天
5	集中授课	文化导入、公司产品培训、时间管理培训、制度流程培训、商务礼仪培训、沟通能力培训、管理知识培训	14天
6	线上学习	办公软件使用等技能类课程学习、在线论坛	线上
7	文体活动	演讲比赛、篮球比赛、辩论赛等	穿插进行

2. 导师制双管齐下

在此期间，导师的作用不可替代。管培生进入职场初期，一定有发展中的思想困惑与专业问题，因此专业导师与思想导师的配备就显得尤为重要。

思想导师重点关注培养对象思想和整体发展的意愿，能够在价值观和文化上给予更多的引导，让他们更好地融入团队。具体来讲，需要注意的几个关键节点如下。

- 入职第一周新员工面谈：借机了解新员工的家庭情况、知识结构、价值观与性格特点，解答新员工遇到的问题。
- 月度面谈：传递企业文化、核心价值观、行为规范、领导的工作作风等。
- 关注管培生周报、月报，定期面谈：解决培养对象成长过程中的思想困惑，如生活需要问题、工作压力问题等。

入职一周或一个月后会配备专业导师，在其加入的 1～6 个月内，专业导师的主要职责如下。

- 对新员工的背景有充分的了解，明确职业发展差距。
- 导师与培养对象明确试用期工作标准，一起制订培养计划、一式三份，导师、新员工和人力资源部或人才发展中心各存一份。
- 在日常工作中实现传帮带，一对一专业辅导，创造和提供机会让其参加培训，分享经验，帮助成长。
- 每月对发展计划进行回顾、复盘和调整。
- 对培养对象进行客观评估，帮助其出池。

3. 紧密考核跟踪

除了保障培训效果，同时让培养对象有方向感，人力资源部需对管培生的全周期培养进行跟踪，过程中遇到公司机制方面的问题及时修正，发现培养对象的困惑及时给予反馈，以避免不必要的人才流失。这个过程中需重点考查的维度如下。

- 入职学习：在此期间，企业会匹配相应学习资源进行集中学习，或是线上学习，每个知识点结束后可开展相应的考试环节，对于表现不佳者给予及时的反馈。
- 团队融入：管培生在团队融合阶段开展的拓展活动或文体活动中

表现出的行为实例,能更好地解释其融入的意愿及暴露出的相关问题。

- 业绩表现:管培生需按照要求提交周报、月报和轮岗的总结,导师在对其总结做出相应回复的同时,也要考查其学习的效果。
- 素质能力:素质能力的判断可以采用360度评估的方式,由与其直接接触的上级和同事等结合素质模型中的行为描述进行考评。考评周期可以双周或单月为单位,评价结果不求绝对精准,但求素质评价的趋势一致,对于得分较低的素质项应重点识别与关注。
- 转正述职:一般来说,管培生的试用期会在入职的第三个月或第六个月结束,此时人力资源部会组织相应的人员开展管培生试用期答辩,由用人部门负责人、人力资源部负责人及导师对管培生试用期答辩的内容做出综合判断。对于不合格的人员,企业要做到及时淘汰、及时止损;对于表现较佳者,企业可以进行下一阶段的轮岗沟通,给予重点培养。

具体执行的过程可参考表3-5,该运转机制会与公司信息化系统配合,以获得运转效率的提升。

表 3-5 入职融入阶段的考核跟踪

考查维度	考查内容	时间节点	考核方式	备注
入职学习	集中授课学习(企业文化、规章制度、公司产品、职业素养、制度流程等)	集中培训时	书面考试	态度或考试较差的沟通反馈
	线上学习(技能类课程学习)	课程学习结束后	线上考试	
团队融入	军事训练/拓展训练	活动过程中	团队成绩	关注动态,及时反馈
	文体活动	活动过程中	个人/团队得分	
业绩	周报	周报节点	导师查阅	业绩不佳者重点关注
	月报	月报节点	导师查阅	
	轮岗总结	轮岗总结	导师查阅	

(续)

考查维度	考查内容	时间节点	考核方式	备注
个人素质	先公后私	每半月	180 度评估	素质不佳者重点考查
	聪慧敏锐			
	成就动机			
	学习突破			
	团队协作			
	大胆自信			
试用期整体表现	业绩+素质能力	3 个月/6 个月	答辩述职	根据综合评议决定去留

第二阶段：见习轮岗

第一阶段融入期过后，为让管培生快速了解各个部门的工作内容及要点，进而熟悉整个公司业务运转的完整链条，企业可以通过轮岗实践的形式对其开展培训，帮助管培生获得从宏观概念到部门的业务模式、工作内容及流程细节等微观内容的理解。在未来的工作中，管培生可以此为基础，站在公司全局角度思考问题，减少因部门视角问题带来的本位主义，同时借助与各类人员的接触及各个业务的实操，实现 3 倍速的发展。在轮岗设计时可遵循以下原则。

- 与能力提升相关：依据面试和测评中的能力评估，找出关键能力提升点给予岗位锻炼。
- 与工作流程相关：可以根据工作流程的前后或岗位横向的配置设计轮岗的岗位范围。
- 与岗位要求相关：依据岗位的培养预期要求，明确差距。
- 实用主义原则：每个目标岗轮岗部门不超过 6 个，避免走马观花式低效轮岗。
- 轮入部门容纳能力：在进行轮岗安排时，需综合考虑轮入部门同时最大可容纳的轮岗人员数量。
- 轮岗时间分配：根据与本岗位协作紧密程度和重要性，将轮岗时间优先配置在重要部门。

一般来说，轮岗的周期分为小轮岗（1~6个月）和大轮岗（12个月甚至更长），企业时间资源或培养资源有限的情况下可以缩短轮岗周期。德锐咨询通常建议企业将轮岗周期设置为6个月，具体的轮岗安排可参考表3-6。也可参考上述原则，根据不同类型岗位的要求，对不同岗位的轮岗时长进行相应的调整。

表3-6 M公司管培生轮岗安排表

时间	1月	2月	3月	4月	5月	6月
研发端	入职培训	生产基地		质量中心	采购中心	营销中心
生产端		总装车间	涂装车间	物流部	质量部	设备部
销售端		质量中心	采购中心	生产基地		研发中心
职能端		风险管理部	总经理办公室	人力资源部	风险管理部	法务部

1. 精准的轮岗课程体系设计

由于轮岗具有一定的时间限制，企业需注重轮岗中所安排的课程体系的实用性和系统性。为帮助管培生更有效地学习轮岗部门的相关知识和原理，人力资源部需要结合岗位学习地图，协同轮岗部门从部门的工作原理及目标、部门岗位应知应会等方面进行部门培训课程体系的建立。精准的课程体系有利于知识的快速转化与吸收，让管培生能更系统地学习掌握相关工作知识，提高其轮岗学习的有效性。

事实上，很多企业缺失完整的学习地图，因此在精准定位轮岗部门课程体系时，可以对部门工作重新梳理，相关培训材料也可用于部门内部培训，通过此种做法可倒逼企业培养资源的丰富与完善。表 3-7 为德锐咨询为 M 公司设计的研发岗位管培生轮岗课程地图。

表 3-7　M 公司研发岗管培生轮岗课程地图

目标岗位	研发岗		
培养要素	培养目标	知识学习	实操技能
生产部	了解生产车间 5S 要求 熟悉产品制造流程和工艺要求 熟悉车间组织架构和岗位分工 掌握产品配料、属性、参数特征 掌握产品包装类型 掌握 2 个关键生产操作	《车间安全教育培训》 《车间组织架构与岗位职责》 《产品原料构成、参数特征》 《车间生产流程和工艺要求》	《弯管作业指导书》 《焊接作业指导书》 《包装作业指导书》 《装配作业指导书》 《精工作业指导书》 ERP 系统操作
品质部	熟悉品质部组织架构和岗位分工 熟悉公司相关认证体系文件 熟悉公司产品资质认证情况 掌握来料、过程、成品、出货检验流程和要求 掌握客诉和退换货处理流程与要求	《公司质量体系文件》 《品质部组织架构与岗位职责》 《检验标准与检验方法》 《不合格品管制程序》 《客户抱怨与回收管制程序》	《质量检验作业指导书》 《客诉作业指导书》 ERP 系统操作
仓储部	熟悉仓储部组织架构和岗位分工 熟悉成品入库基本流程 熟悉外销发货流程 熟悉内采入库流程 熟悉仓储现场安全管理要求 ERP 软件运用	《仓储部组织架构与岗位职责》 《成品入库基本流程》 《外销发货流程》 《外采入库基本流程》 《仓储现场 5S 管理要求》	ERP 系统操作
国际物流部	熟悉物流部组织架构和岗位分工 熟悉货物进出口基本流程 掌握报关清关单据制作流程和要求 掌握贸易术语和放单要求 掌握核销进出口费用方法	《货物进出口流程》	《货物出口作业指导书》 《货物进口作业指导书》 《贸易术语》 《报关清关单据作业指导书》 《进出口费用请款作业指导书》

2. 明确的轮岗学习计划

在轮岗开始前，各轮岗部门需要在人力资源部的协调下制订管培生轮岗培训计划。具体而言，轮岗培训计划需基于部门工作价值点与关键流程分析，且需明确包含管培生在该部门轮岗学习的导师、轮岗学习内容及轮岗学习的输出、轮岗工作安排等信息。依据轮岗部门的轮岗培训计划，相关部门在轮岗执行过程中能更加明确履行自己的培训职责，更加有效跟踪轮岗期间的学习效果。轮岗计划表可参考表3-8。

3. 轮岗绩效全面评估

在管培生的轮岗学习过程中，全方位跟踪轮岗绩效是把控管培生在轮岗期间学习效果的重要途径。人力资源部应主导建立管培生轮岗过程中的轮岗责任人机制。由于轮岗期间管培生主要在各部门轮岗学习，轮岗部门可以更直观地了解到管培生在轮岗过程中的技能、态度和能力等各方面的表现，所以管培生的绩效由轮岗部门和人力资源部共同评定，具体占比可以根据实际情况进行调整。考评维度可参考表3-9。

在此过程中，人力资源部的具体任务除了执行公司层面的考评机制，还包括以下任务。

- 保持与管培生的沟通，了解管培生的心理变化，及时疏导管培生的心理问题，了解管培生工作中的困惑，并及时与发展导师沟通。
- 定期与管培生所在轮岗部门相关领导沟通交流，确保业务部门切实执行事先制订的轮岗培训计划，跟进管培生在每个阶段轮岗学习目标的完成情况，并实时完善相关计划。
- 及时协助处理管培生在轮岗过程中遭遇的突发情况，增强管培生在企业的归属感。
- 组织轮岗收获交流座谈会并借助这种形式让所有管培生齐聚一堂，分享自己的所学所感，了解彼此的学习状态，树立标杆，营造竞争上游的氛围。

表3-8 管培生轮岗学习计划总结表举例

姓名	郝员工	轮岗部门	生产部		轮岗导师		牛老师	
			计划			总结		
时间	序号	本周工作计划	输入（除制度外的可视化资源）	计划用时	输出（可视化成果）	完成情况	实际用时	备注（未完成情况说明）
第一周	1	任务一：了解生产车间5S要求，熟悉车间组织架构和岗位分工	生产车间安全培训、车间组织架构及岗位培训	2天	《安全培训成绩》《车间基本情况考试》	通过☑ 未通过□	2天	
	2	任务二：熟悉产品制造流程和工艺要求，掌握产品配料、属性、参数特征	车间工艺培训、车间产品培训	3天	《工艺文件考试》《产品及基本信息考试》	通过☑ 未通过□	2天	
第二周	3	任务一：掌握产品包装类型	产品包装培训	1天	《产品包装培训心得体会》	完成☑ 未完成□	1天	
	4	任务二：掌握2个关键生产操作	生产操作岗位实操	4天	师带徒学习岗位实操并考取上岗操作证	完成□ 未完成☑	5天	
轮岗导师建议：理论学习能力较强，但需加强岗位实操，熟悉工艺流程的基础上尽快考取2个操作岗位上岗证，为后续工艺优化打好基础								

表 3-9 轮岗提升阶段的绩效管理

考核维度	考核内容	时间节点	考核方式
培训考核	理论知识	培训结束后	书面考试
	管理知识	培训结束后	书面考试
轮岗考核	岗位技能	轮岗过程中实时	实际操作结果
	工作态度		日常行为表现
	周报	周报节点	导师查阅
	月报	月报节点	导师查阅
	轮岗总结	轮岗总结	导师查阅
个人素质	先公后私	每半月	180度评估
	聪慧敏锐		
	成就动机		
	学习突破		
	团队协作		
	大胆自信		

人力资源部及导师在管培生轮岗过程中发挥着重要作用，二者需要密切关注管培生成长的每一阶段，并在轮岗结束后通过综合评估的方式对其定岗。

4. 全员护航避风险

轮岗涉及的范围比较广，除了以上机会影响管培生轮岗的效果外，企业对管培生的定位也非常重要。若企业没有将管培生置于重要位置，就有可能导致其在轮岗时不被重视，甚至可能被排挤或冷落。这种情形会让管培生形成极大的心理落差，严重影响企业管培生的培养质量。企业要想营造重视管培生的氛围，需要全员达成以下共识。

一是高层达成共识，保持战略层面的一致性，并参与到管培生培训的关键环节，如企业文化的传递、共进午餐、高管对话等。

二是企业中层全力配合。轮岗会短暂影响轮岗部门的工作效率，因此能否获得企业中层配合与支持是轮岗成功实施的关键。很多企业设计管培生培养机制时会邀请中层参与制度的设计、实施与反馈环节，如有必要，会将各部门中层的配合表现纳入业绩评估中。

三是取得普通员工的理解，为管培生营造和谐友好、团结互助的成长环境。管培生群体的特殊性会激发普通员工强烈的危机感，他们会认为自己的晋升和发展受到阻碍和威胁，甚至可能产生针对管培生的敌对心理和抵制行为。然而，普通员工和管培生的工作任务上下衔接、环环相扣，如果双方站在对立面上，会影响组织目标的实现。相反，普通员工若能与管培生团结协作，将有利于形成互惠共赢的良性循环。因此企业应着力营造普遍的支持氛围，为管培生轮岗项目创造更好的落地条件。

第三阶段：专业提升

1. 全方位落实导师制

在管培生进入企业的第二年，企业需注重其专业能力的提升与发展，一方面要明确其专业提升的侧重点；另一方面要重视专业导师、直线经理在其实践成长过程的辅导。重视导师和直线经理的原因在于：导师和直线经理可以帮助管培生快速融入新的岗位环境，熟悉工作内容和周围同事，短时间内了解工作所需技能，快速进入工作状态，完成从管培生到业务骨干的完美过渡，同时还能给予其思想上的辅导与帮助。

专业导师一般由管理经验丰富、专业知识和技能水平高的资深人员担任，以便给予管培生岗位知识和岗位专业能力方向上的指导。在具体的培养过程中，专业导师发挥作用的重点在于明晰管培生的定位及发展方向，帮助他们树立目标和信心，使其接触到更多的方法、资源及发展的可能性，总而言之，专业导师通过在实际工作中给予管培生具体的指导,帮助其专业能力胜任岗位要求,使其实现加速发展。

思想导师一般由 HRBP 或是本部门负责人担任,是管培生的思想引导者。思想导师的作用在于指导管培生进行职业生涯规划,明晰其在企业的发展路径和要求,帮助管培生适应工作节奏,降低内在干扰,为他们营造适宜的工作和发展环境,促进管培生向内挖掘潜能,实现自我突破和成长。

直线经理作为管培生的直属领导,主要职责包括审核其岗位知识和岗位技能掌握情况与岗位需求的匹配程度,传授知识、经验和技能,帮助管培生尽快提高工作能力,满足岗位胜任要求。此外,在促进老员工传帮带作用,增强团队融合方面,直线经理也发挥着重要作用。

在保证关键角色职责完整的情况下,专业导师、思想导师及直线经理可以为同一个人。关键角色发挥作用的一个重要媒介就是定制化的管培生个人发展计划,如表 3-10 所示。在该计划通过过程中持续地跟进与反馈,帮助管培生持续改善、提升能力,导师在这个过程中所起的引导和灌输作用,也会以润物细无声的方式向员工传输公司的企业文化和价值理念。

表 3-10 个人发展计划(示例)

姓名:郝员工	年龄:26 岁	当前职位:工艺员	在岗时间:1 年
第一部分:发展规划与分析			
职业目标	加工事业部部长		
变化与挑战 (对照岗位职责)	由单一技术问题处理到复杂技术问题处理 由个人能力提升到项目主导推进 由专业能力转向团队管理		
第二部分:能力发展分析			
优势: 1.学习能力强,短时间内学习效率高 2.思维开放度高,乐于学习新鲜事物 3.大胆自信,敢于挑战		重点发展的能力: 1.沟通影响能力,现阶段沟通影响能力偏弱 2.项目统筹推动能力,多场景问题处理能力偏弱 3.个人专业知识技能,专业能力有待进一步加强	

(续)

第三部分：能力提升计划			
能力提升方式	发展能力项	成功衡量标准	行动计划/发展活动	预计完成时间
赋予挑战性任务	项目统筹推动能力	A产线产能及设备利用效率提升，成本下降	主导A产线精益改善项目及现场管理推进	6个月
扩大工作职责	沟通影响能力	跨部门事项协调	铸造及总装车间生产相关事项对接	1年
导师带教	计划统筹能力	加强问题解决能力，绩效得分90分以上	每月与导师面谈沟通遇到的问题及解决方案，实时检查业务成果，并引导复盘，提升专业能力和计划统筹能力	持续
自主学习	专业知识技能	申请成功主管工艺师	完成主管工艺师申请论文	6个月
		行业论坛参与并内部分享	行业知识及趋势学习	1次/季度

第四部分：阶段性提升总结	
第一季度学习和实践状况总结： 参加机械行业协会论坛并进行团队内部分享，专业知识及表达能力均得到了提升和锻炼 产线精益改善项目立项及前期资料准备	下一阶段的发展目标： 产线精益改善项目启动及跟进 跨部门事项协调
第二季度学习和实践状况总结： — （第二季度结束后填写）	下一阶段的发展目标： — （第二季度结束后填写）
第三季度学习和实践状况总结： — （第三季度结束后填写）	下一阶段的发展目标： — （第三季度结束后填写）
第四季度学习和实践状况总结： — （第四季度结束后填写）	下一阶段的发展目标： — （第四季度结束后填写）

2. 专业提升阶段绩效考核

专业提升阶段是管培生快速培养岗位专业能力的阶段。在此阶段，他们已经在确定的岗位上开展工作，开始为岗位的具体业绩目标负责。

管培生在此阶段的绩效考核，除了需要持续关注个人素质，还需要重点关注他们在本岗位的工作业绩及个人发展计划中的目标达成情况。这个阶段管培生的绩效考核形式与正式员工的类似，考评责任部门为其所在的业务部门，具体如表3-11所示。此外，还应采用人才盘点的方式以季度或半年度为周期对其进行九宫格定位（见图2-3）。对于盘点结果为1和2+的人才，企业应给予重点培养；对于盘点结果为3和4的人员，企业可采用调岗或者给予其3个月考查期的方式，并派专人对其进行辅导，若在考查期结束后这些人员未表现出相应的提升改进，则应将其和5类人员一样进行劝退处理。需要注意的是，进行人员优化劝退时需注意方式方法，尽量"友好分手"，以免破坏雇主品牌的形象。

表 3-11 专业提升阶段的绩效管理

考查维度	考查内容	时间节点	考核方式	备注
业绩	岗位绩效要求	绩效考核节点	绩效考核	业绩不佳者予以重点关注
	个人发展计划	每季度	导师面谈	
个人素质	先公后私	每半年度	360度评估	素质不佳者予以重点考查
	聪慧敏锐			
	成就动机			
	学习突破			
	团队协作			
	大胆自信			

第四阶段：管理提升

心理学研究发现，毕业后2～3年的员工创新点最多，成长速度最快，因此企业对于这个阶段管培生的培养不能放松。定岗后，管培生在成长速度和管理能力方面会产生分化，那些展现出更多专业发展兴趣的人员，可以走专业通道；而针对那些展现出更强管理能力的人员，企业则应基于明确的任职资格标准确认其培养方向，使其能快速胜任管理岗位。

此外，企业还需引导骨干管培生将自己做好的思维转变为如何通过小组整体协作将事情做得更好的思维，即引导管培生从管理好自己到管理好他人和管理好任务的思维转变。通常来说，除了冰山上的基础的管理知识与技能外，初任管理者还需具备管理任务的结果导向思维、组织管理能力，以及管理他人的团队管理能力，对应的具体行为标准可参考表 3-12 初任管理者的任职标准。企业可以此为基础制订适配自身的发展计划。

表 3-12　初任管理者的任职标准

类别	管理技巧		任职标准
管理知识	管理知识		• 具备时间管理意识，如重要与紧急性矩阵的理解 • 掌握计划与目标制定的 SMART 原则及 5W2H 方法 • 管理学知识：沟通知识、团队管理知识等
管理技能	结果导向	计划制订	在上级的指导下，制订个人工作计划： 在上级的指导下，依据部门目标，能独立制订个人工作计划，计划明确需达到目标所进行的工作内容和所需资源，明确时间、衡量标准、成本预算、文档记录、责任人和过程监控点
		任务分配	明确个人工作任务，能够将简单任务进行合理分配： • 清晰自己在团队工作中的任务 • 能将简单的工作任务分配给相关干系人，共同解决
		结果把控	确保高质量交付工作，了解他人进度并给予帮助： • 主动向上级汇报自己的工作完成进度 • 了解团队成员工作完成质量和进度，能够给予相应的建议和帮助
	团队管理	选对人	了解相关岗位画像，掌握基本面试方法： • 了解部分相关岗位的人才画像 • 掌握面试理念和基本面试方法
		激励人	主动鼓励他人，善于发现他人优点： • 鼓励团队成员敢于尝试 • 善于发现他人优点，对他人做得好的事项积极认可
		评估人	明确相关岗位评价标准： • 了解相关人员的岗位业绩要求标准和素质能力标准 • 对相关人员能够做出公平公正的评价
		发展人	主动帮助他人： • 在他人寻求帮助时，积极提供支持 • 有意识地主动带教他人

(续)

类别	管理技巧		任职标准
管理技能	组织管理	流程优化	执行公司现有流程： • 按照公司既定流程做事 • 提出与本部门相关的流程建议
		文化塑造	自身积极践行企业文化： • 了解并践行公司规章制度 • 传递正能量，成为部门团队中的文化标兵

1. 在实践中培养管理能力

从初任管理者的任职标准看，德锐咨询结合过去事件中的经验也总结出了对应能力提升的有效方式，如表3-13所示。不难发现，大多数能力需要在实践中提升。

表3-13 初任管理者能力提升方式

培养内容		培养方式
管理知识	时间管理意识	培训：计划与目标制定方法（SMART原则及5W2H方法）、时间管理意识（重要与紧急性矩阵）、基础财务管理知识、团队管理知识
	计划与目标制定	
	沟通知识、团队管理、管理学知识等	
结果导向	计划制订	项目历练或任务执行：工作计划管理 培训：项目管理和计划管理
	任务分配	
	结果把控	
团队管理	选对人	扩大工作职责：参与组建团队 培训：精准识人
	激励人	扩大工作职责：正向反馈 培训：沟通技巧、团队赋能
	评估人	扩大工作职责：正向反馈
	发展人	扩大工作职责：带领团队 培训：授权与激励的技巧
组织管理	流程优化	任务执行
	文化塑造	文化执行

• 管理知识：可借助通用管理课程进行补充学习，但进一步提升则

需通过在相应的工作场景中历练获得。
- 计划管理能力：此类指向结果的能力可通过项目执行过程逐步提升。
- 团队管理能力：通过培训使初任管理者掌握识人、用人和向团队赋能的理论知识，同时结合实践，逐步扩大其工作职责（如授权其带领更大规模的团队），借以提升初任管理者的团队管理能力。
- 组织管理能力：组织管理能力的提升更多地体现于在任务执行和文化践行的过程中采用不同方法对组织流程进行优化。

不难看出，除了公司已有的培养培训外，管培生要想取得更快的成长，还需要自身敢于接受挑战，在实践中不断寻求突破。上文提到的计划管理能力、团队管理能力和组织管理能力是初任管理者需掌握的基本能力。在管培生完全胜任所在岗位且有余力的情况下，公司可为其安排更多的挑战性任务和临时性兼职，增加他们实践的机会，让他们在实践中不断成长提升。

2. 初任管理阶段绩效考核

针对初任管理阶段的管培生素质考核，除了需要持续关注五项基本的素质要求外，还需重点考查其在结果导向、团队管理和组织管理方面的表现。业绩维度的考核则需要更多关注他们对所在团队业绩及团队成员成长的贡献，同时还需持续关注其个人发展计划完成情况，以及与专业提升阶段相比是否已有明确提升，如表 3-14 所示。

通过业绩和素质两个维度的考核，采用人才盘点的方式对初任管理的管培生进行九宫格定位，对于盘点结果为 1 和 2+ 的人才，公司应给予重点培养；对于盘点结果为 3 和 4 的人员，公司可采用调岗或者给予其 3 个月考查期的方式，并派专人对其进行辅导，若在考查期结束后这些人员未表现出相应的提升改进，则应将其和 5 类人员一样进行劝退处理。

表 3-14　管理历练阶段的绩效管理

考查维度	考查内容	时间节点	考核方式	备注
业绩	岗位绩效要求	绩效考核节点	绩效考核	业绩不佳者予以重点关注
	个人发展计划	每季度	导师面谈	
	团队业绩	每季度	绩效考核	
个人素质	先公后私	每半年度	360 度评估	素质不佳者予以重点考查
	聪慧敏锐			
	成就动机			
	学习突破			
	团队协作			
	结果导向			
	团队管理			
	组织管理			

第五阶段：挑战历练

经过一系列历练，管培生在成长的第 4～5 年已成长为管理干部中的中坚力量，即在个人能力提升的同时，还能够游刃有余地带领团队完成业绩。组织可对其中一部分高潜人才进一步挖掘，使其在实现管理能力突破的同时，能够担负起更重要的责任。

最常用的方法之一是赋予其挑战性任务，如针对提升管理任务能力的突破，让其提出并主导推动 1～2 项对企业产生重大效益的管理改善项目，通过全价值流的问题梳理，不断提升工作效率、产品质量，降低管理成本，更全面地解决问题；再如，为提升团队管理能力，可以让其承担新团队搭建的工作，借以提升其管理组织、团队培养的能力；又如，为提升全局思考的意识，可让其处理跨部门的问题，协同企业各部门及相关人员共同完成流程改善项目的落地等。企业可根据自身实际，以岗位需要为基础选择合适的挑战性任务，在帮助管培生实现能力突破的同时还应管理好该群体的发展预期，不断提升其成就感。

不可否认的是,对难题的挑战往往伴随着可能的损失与风险,但长期团队的获得足以弥补短期效率的损失。此外,为确保挑战性任务发挥应有的作用,直线经理或导师应在恰当的时候发挥作用,如及时给予鼓励与帮助,提供指导与支持,助力管培生实现能力突破。

第六阶段:担任中层

按照上述成长路径,一位优秀管培生入职的 4～5 年,会逐步被赋予中层干部的角色。在其承担中层管理职责之前,企业需要对照表 3-15 的行为标准对其进行培养,以确保其能够胜任相应的管理岗位。

表 3-15 中层管理者的任职标准

管理能力		任职标准
结果导向	计划制订	将部门目标向下分解,确定工作计划: • 能够依据公司战略目标制定部门目标,协调各方面资源,通过做好人员调配和时间安排等工作,形成可执行的工作计划 • 能够发现其他人员工作计划的问题,并给出相应的指导建议
	任务分配	能够将部门工作计划,在组织内部进行清晰划分: • 了解团队成员任务的关联性 • 能够将部门工作计划,在组织内部清晰划分到人
	结果把控	能够掌握计划进度,并进行结果反馈与分析: • 能够依据会议机制和计划机制进行团队任务的跟进 • 能够分析任务目标完成的状态和问题,找到初步的解决思路并提出建设性意见,帮助解决具体问题
团队管理	选对人	掌握部门人才画像,能够提出合理人员任用建议: • 掌握部门岗位人才画像 • 能够了解部门人员配置状况,在上级指导下,制定部门年度人力资源规划 • 能够对部分人员的岗位任用给出合理性建议,将合适的人放在合适的位置上
	激励人	理解并传递公司愿景: • 理解公司的愿景和目标,能够清晰描绘公司愿景 • 能够了解团队他人思想动态并进行有效的引导,帮助他人
	评估人	能够有效识别团队成员能力,做出准确判断: • 全面理解公司素质能力标准与相关人员的岗位业绩要求 • 能够对部门成员做出准确的"高中低"判断 • 参与人才盘点会议,对下属做出公平公正的评价 • 能够根据人才盘点结果淘汰本部门不合适的人员

(续)

管理能力		任职标准
团队管理	发展他人	帮助他人成长，主动自我改进，能为团队发展提出建设性意见： • 主动关注他人的需要，给予支持，帮助相关人员在实践中提升 • 了解团队需要提升的方向与内容，主动进行自我改进，并为团队发展提供建设性意见
组织管理	流程优化	协助部门内部的流程优化工作： • 能够根据公司相关规定和工作需要，设计本领域的业务流程 • 协助跨部门流程优化并执行流程优化方案
	文化塑造	在本团队内部的倡导和传递企业文化： • 全面了解、积极学习并主动在小范围传递企业文化 • 通过自身的言行影响他人在工作中真实地领悟企业所倡导的文化

能否胜任中层干部是验证管培生培养投资回报率的重要结果指标，关键标志之一是"人才出池"。管培生的出池标准从人才盘点结果及业绩述职两个维度衡量，如图3-2所示。其中，人才盘点重点关注管培生的素质、业绩及性格测评，侧重对管培生冰山下深层性格特质的考量；业绩述职主要是管培生现场展示学习成果及工作完成情况，同时能反映他们的演绎能力及应变能力。整个过程一般由人力资源部组织，企业高管及相关直线经理参与并结合任职标准对管培生进行综合判断。针对达到出池标准的同事，企业需要对其进行准备度评估，并将其纳入管理人才储备库，后续根据岗位的发展需要对其进行管理任命。

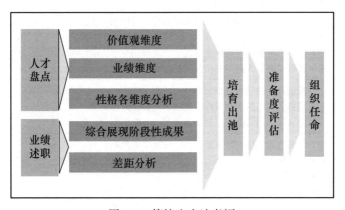

图3-2 管培生出池考评

"招最好的人，给最好的空间"，对企业来说，要想拥有源源不断的发展动力，就必须关注管培生在企业的发展。通过六个阶段的培养路径，集结全公司资源作为保障，助力管培生3倍速成长，是企业搭建人才梯队、培养中坚力量不可或缺的方式。

■ 关键发现

- 管培生是企业中高层管理者最坚实、最稳定的来源，是企业人才供应链的清洁源头。除此之外，管培生项目的运营和实施还可以有效增加企业对具有领导潜能人才的吸引力。
- 管培生必须具备的素质除了先公后私、聪慧敏锐、成就动机、学习突破和团队协作等通用领导力潜质，还需要具备大胆自信的特质。只有足够自信、敢于挑战，才可以满足企业不断发展的需求。
- 只有深刻了解管培生成长的规律，制定科学的成长路径，才能保证管培生培养速度与质量的双赢，真正发挥管培生培养的价值。
- 以为企业培养未来发展竞争中所需的中高层管理者为最终目标，将管培生培养期分为快速融入、见习轮岗、专业提升、管理提升、挑战历练、担任中层六个阶段。
- 导师制是加速管培生培养的重要途径。优秀的企业会为管培生配备业务导师与职业生涯双导师；好的导师可以帮助管培生快速融入新的环境，尽快进入工作状态，帮助其完成管培生到业务骨干的完美过渡。
- 让有培养能力的人成为管理者，企业才能培养更多的人才。让有培养能力的人去培养人，企业的人才培养才能更高效。

Triple Speed Talent Development

第 4 章

优秀骨干快速管理转身

> 学而优则仕。
>
> ——《论语·子张》

除管培生外，企业管理干部还有一部分来自优秀骨干，就如华为始终坚持"宰相必起于州郡，猛将必发于卒伍"。重点培养优秀骨干的意义重大：一是优秀骨干在一线"打过仗"，成为管理者后在团队里更能服众，做好管理岗位工作的可能性更大；二是优秀骨干是中层梯队的关键来源，基数大且供给稳定；三是由于他们熟悉业务，文化认同度高，培养的成功率也会更高；四是加大对优秀骨干的培养力度，能让更多基层骨干看到机会和希望。

优秀骨干 3 倍速培养模型

对优秀骨干来说，担任管理角色是实现从个人贡献者到团队管理者的跨越，关键任务从自己完成工作变成带领团队完成工作是每一个管理者管理生涯的起点。由于工作对象、工作技能要求的差异会给这些优秀骨干带来很多无形的挑战，要想带好团队，首先需要解决以下问题。

第一，获取团队成员的信任。带领团队作战，"信任"是最基本的前提。但信任并非管理者拥有相应职权后就可以自然获得，而是在管理者通过满足甚至超越团队成员对他们的期待时才能获得。比如，在关键时刻冲在团队成员前面，能为团队做决定并为结果负责；以身作则，要求团队成员做到的事情，自己率先做到等。员工普遍认为，一位值得信任的管理者还需要具备很强的专业能力和判断力，具备广泛的知识和技能，在员工需要帮助时能够及时给予帮助。

第二，带领团队达成业务成果。管理者必须对要完成的目标和所做的事有清晰的认识和判断，同时能够精准把握每位下属的技能水平和心理状态，并让下属充分认同自己的目标和负责的工作。这意味着管理者需掌握制定目标和计划、分配任务、组织资源、跟进过程、检验结果等一系列管理手段。更关键的是，管理者需要建立控制流程，以便实时掌握任务的执行情况，并根据不同人和事的状况采取合适的干预手段，确保团队中的每个人都能按预期完成工作。此外，有些工作甚至需要管理者通过自己的影响力协调跨部门资源才能完成。从这个角度分析，"管理他人"显然比"管理自我"难多了。

第三，培养团队成员。俗话说："管理就是通过他人来完成工作。"所以，让下属具备完成工作的能力也是一大挑战，需要管理者清晰掌握岗位任职标准，掌握团队成员每个人与任职标准的差距和挑战，在实践中通过个性化、差异化的分配、指导、授权，给不同的团队成员安排不同的任务，让其得到锻炼；管理者还要掌握教练他人的技巧和制订个人发展计划的方法，帮助团队成员获得持续的进步与提高。与此同时，管理者要能对团队成员成长过程中频繁出现的工作失误予以补救。

业务骨干在转型管理者阶段需要完成的发展任务是上述三大挑战。很多骨干也因无法克服以上困难，导致转型失败，另一些迫切想要学习并掌握管理技能，但苦于没有系统、科学方法的骨干，成长速度往往不尽如人意。不同岗位培养工作的侧重点存在差异，结合其他岗位培养工作的特征，德锐咨询总结出了优秀骨干的 3 倍速培养模型，如表 4-1 所示。

表 4-1　优秀骨干 3 倍速培养模型

中层管理者来源	培养值得培养的人			有培养能力的人来培养	培养能够培养的能力	在实践中培养
	冰山上	冰山下	筛选条件			
优秀骨干	专业过硬	1. 先公后私 2. 聪慧敏锐 3. 成就动机 4. 学习突破 5. 团队协作	影响他人	1. 人力资源部 2. 导师 3. 直线经理	1. 沟通影响能力 2. 计划统筹能力 3. 团队管理能力	1. 导师赋能 2. 承担管理职责 3. 参加管理会议

根据上述优秀骨干的培养模型，我们认为中层干部培养对象冰山上素质条件的重中之重是过硬的专业能力。冰山下的素质项则需包括优秀管理者共同具备的先公后私、聪慧敏锐、成就动机、学习突破、团队协作等素质项。除此之外，从优秀骨干到管理者的关键转变是通过他人完成任务，所以他们转型成功的关键因素是是否具备沟通影响能力。作为难改变的素质项，沟通影响能力是筛选优秀骨干的重要条件；筛选出值得培养的人后，培养的效果在很大程度上取决于由谁来承担培养责任。从培养的主体看，人力资源部、导师和直线经理能发挥重要作用；从业务骨干可能面临的挑战看，培养内容的重点是沟通影响能力、计划统筹能力和团队管理能力；从培养方式看，有效的培养方法是导师赋能、承担管理职责和参加管理会议。

不是所有优秀骨干都能被培养成管理者

普通员工成长为业务骨干之后往往面临发展通道的分岔口,其发展路径的选择尤为重要。对于不具备成为优秀管理者的关键素质或较难培养成优秀管理者的骨干,勉强将其放置在该岗位上,不仅达不到培养的目的,反而会造成优秀骨干的流失。因此,在从优秀骨干中选择后备管理者时,应结合上述优秀骨干培养模型,将培养资源优先向专业过硬、高潜力和具有沟通影响能力的个体倾斜。

专业过硬是被提拔的冰山上业绩条件

专业过硬的骨干不仅对当下业绩产出有贡献,在未来更有可能指导他人持续做贡献,发挥以身作则和培养他人的价值。另外,只有专业过硬的骨干人员才有机会被管理者广泛认可,从而有机会进入人才培养池。在实际操作中,要判断一个培养对象是否专业过硬,可以将业绩结果评价作为主要依据,同时辅之以相应的行为标准分级描述进行综合判断,如表4-2所示。

表4-2 专业过硬行为素质分级描述(示例)

素质项	定义	0～1分 (待发展)	2～3分 (胜任)	4～5分 (优秀)	6～7分 (卓越)
专业过硬	在所在领域做专、做强,精益求精,不断提升专业影响力	工作需要他人辅导才能完成,专业性不能胜任岗位要求	主动学习岗位所需知识和技能,独立处理工作中的常见专业性问题	具备系统的知识和应用能力,是公司内部的"专家",能又快又好地解决复杂专业问题,并将知识经验分享给他人	在业内成为顶尖人才,有卓越的专业性和影响力,并能带动他人提升专业性

专业过硬的人员通常会展现出以下行为特征。

- 掌握本岗位需要的专业知识与技能,并能解决工作中的大部分问题。

- 遇到复杂的问题能够举一反三，积极寻找问题的解决办法。
- 具备独立完成某个专项技术工作的能力，并能够给予他人指导。
- 及时掌握行业和本专业最新技术，并将其在公司内部推广。
- 定期分享自己对新知识、新方法的学习成果。

专业不过关的人员常展现出以下行为。

- 只能做好简单重复型的工作。
- 所做的工作需要在上级的督促下才能完成交付。
- 工作2～3年，不能独立完成该岗位的基本工作，无法指导他人。
- 专业能力停留于若干年前，没有进步。
- 只有单纯的学习，没有有效的输出。

影响他人是被提拔的冰山下筛选条件

　　专业过硬的优秀骨干，在早期作为个人贡献者，更多的时候聚焦于自己的专业领域，他们当中有很大比例的人不愿意过多地与他人打交道，甚至不愿意通过影响他人来完成工作。而作为团队管理者，在带领团队达成目标的过程中，需要反复与下属、协作部门、上级、供应商、客户进行多层次的沟通，影响他人的能力对结果的实现起到至关重要的作用。影响他人能力强的人，能够做到换位思考，根据对方关注点灵活选择沟通方式，善于影响对方想法并达成共识，卓有成效地达成业务上的成功。他们甚至能够根据情况设计复杂的影响策略，与关键人物结成同盟，使他人乐意按照建议的方式行事，形成多赢的局面。

　　简单来说，影响他人的能力，就是个人通过沟通等技巧说服影响他人，使其接受某一观点，并有采取某一行动的意识，最终达成积极行动，取得期望结果的能力。影响他人的能力是可以培养但难以培养的素质能力，在挑选可培养的优秀骨干时，除了关注先公后私、聪慧敏锐、成就动机、学习突破和团队协作的特质外，还需要将影响他人作为筛选条件，当不能满足如表4-3中2～3分对应的行为描述时，则不能被纳入培养对象。

表4-3 影响他人素质项分级描述

素质项	定义	0～1分（待发展）	2～3分（胜任）	4～5分（优秀）	6～7分（卓越）
影响他人	运用数据、经验提供解决方案，或通过人际关系、个人魅力等直接或间接策略达成共识	容易受他人意见干扰，时常不能抓住对方的中心议题；沟通以自我为中心，不能理解对方的意图和想法	善于倾听，能够迅速抓住对方核心诉求，并适时反馈；针对方案提出有力论据，建立良好的合作关系	换位思考，灵活选择沟通方式，善于影响团队成员的想法并达成共识，卓有成效地促成业务上的成功	有极强的个人魅力，使他人乐意按照建议的方式行事；善于有效地整合资源，建立持久的竞争优势

具有影响他人能力的人通常展现出以下行为特征。

- 具备良好的沟通技巧，有感染力，同事们愿意配合其开展工作。
- 当下属遇到难以沟通的客户，能够快速抓住对方兴趣点，用对方听得懂的语言进行影响，达到双赢。
- 制订"多赢"的解决方案，强调共同利益以说服他人。
- 说服关键性人物，通过其对自己的支持影响他人。
- 了解外部组织的权力结构和内部文化，对其决策施加影响力。

影响他人能力不达标的人通常呈现以下行为特征。

- 语言表达直接粗暴，不管他人是否听得懂，只顾表达自己的观点。
- 被动接收信息，他人说什么是什么，态度和立场不坚定。
- 习惯自己做事情，很少与人打交道，与人沟通有畏难情绪。
- 局限于眼前和局部，非此即彼，沟通中容易发生冲突。

不论从工作模式、工作任务、工作时间分配，还是从成功的关键标准来看，从优秀骨干到优秀中层的转型过程都是一次质的跨越。若将不具备影响他人能力的人直接置于管理者岗位，那么企业很有可能获得一位拙劣的管理者而错失一个优秀技术骨干或销售明星。

结合以上优秀管理者的需要，作为被培养的业务骨干需要具备的冰山下素质包括先公后私、聪慧敏锐、成就动机、学习突破、团队协作和影响他人。作为冰山下的素质项是难以改变的，更多情况下需要依靠选择来降低培养的成本与选错人的风险。下述紫竹堂的案例也能验证这一点。

精挑细选，而非大水漫灌地挑选培养对象

作为一家成熟的电子元器件企业，紫竹堂在业绩年年创新高的同时，也越来越明显地受到内部人才跟不上业务发展的困扰，能够担当管理责任的人才尤其匮乏，外部引进的人才都因为各种原因流失了。祝总为此投入了大量的人力和物力，对现有的所有业务骨干强化培养，期望其中能有一部分人脱颖而出，担当大任，但最终收效甚微，甚至常常听到各种内部抱怨，抱怨培训占用了他们太多开展业务的时间。

这样几年下来，骨干人才的培养工作始终不见起色。终于在去年，人事总监文总说服了祝总，新一年度的骨干人才培养，只选择现有技术、营销和职能线上的三分之一的骨干进行培养，不求多，只求一次有几个能够拔尖的人才出现。在具体操作上，首先通过业绩结果的筛选，选出了50多人作为培养对象。

紧接着一个月后的全公司人才盘点中，管理层又重点评估了这些作为培养对象的技术骨干冰山下的素质能力，如先公后私、聪慧敏锐、成就动机、学习突破、团队协作和影响他人等，结果发现部分候选人在这

些素质项上有一些致命的不足，剔除这部分候选人后，最终留下培养对象 21 人。

面对这些优中选优的好苗子，管理层视若珍宝，给予最好的培养资源，提供充分的资金支持，尤其是导师和直线经理们可以集中精力来培养高潜对象。而培养对象们专业过硬，有着强烈的更上一层楼的动力和欲望，也有更强的自信心和号召力，经过一年多的精心培养，这些人员也成为管理干部中的中流砥柱。

重点培养优秀骨干的管理能力

优秀骨干们在通往新晋管理者的道路上，往往在有限的时间内要应对巨大的挑战。要想实现 3 倍速成长，就必须聚焦在这个阶段最需要的能力上。结合第 3 章提到的初任管理者任职标准，作为新晋管理者，他们需要对待任务具备计划统筹能力，对待他人具有团队管理能力和沟通影响能力，在做到知人善任的基础上更多地发挥对人才培养的作用。沟通影响能力确保新晋管理者有效地向下属传达团队目标，纠正下属的观念和行为，使其按照团队统一要求的步调行事，也能确保新晋管理者有效协调跨团队的分歧，甚至是做好向上管理；计划统筹能力能够确保新晋管理者在高效完成自己工作的同时，有充分的时间和方法去辅导他人制订计划并推进计划的执行，高效实现目标；而培养下属的能力则是在完成团队目标的同时，让团队成员获得成长的关键。

沟通影响能力

具备高水平影响他人能力的前提是有沟通影响别人的意愿，加之沟通技巧，才能达到影响他人的目的。一般而言，沟通意愿难以改变，但沟通技巧却是可以在承担该角色的过程中通过刻意训练得到提升的。由于大多数需要发挥新晋管理者沟通影响能力的情境，都是需要进行关键对话的情境，因此提升沟通影响能力的一个有效方法是掌握关键对话的技巧。按照约瑟夫·格雷尼（Joseph Grenny）等在《关键对话：如何高效能沟通》㊀中的定义，关键对话有三个特征：双方的观点有很大差异，对话会有较大的风险，容易情绪激动。只要掌握关键对话的技巧，就能解决沟通过程中复杂的难题。

四招搞定关键沟通对话

《关键对话：如何高效能沟通》的作者，根据对世界上10万人20多年的跟踪调查，选出了大家公认的对话高手，发现了"重要对话"的共同特点和行为，并分层次分析，总结提取了处理重要对话的四种方法。重中之重是要在关键时刻克制住内心做出非此即彼的应激反应的原始冲动，避免由情绪引发的傻瓜式选择。

第一大关键是明确并牢记对话目的。在进行关键对话前，我们可以通过问自己四个问题让自己明确谈话的意义：我的目的是什么？我希望为对方达成的目的是什么？我希望我们的关系达成一个什么样的目标？我应该怎么做？通过自我提问，我们要确保自己处在冷静状态，并牢记对话的目的。

第二大关键是拥有"双核"思维，营造安全的对话氛围。在关键对话中，很多人的大脑只有一个"核"——负责谈话内容，更重要的另一个负责谈话氛围的"核"却经常被忽略。而往往谈话氛围比谈话内容更重要。因为只有在安全的对话氛围中，人们才可以畅所欲言，达成共识。如果在对话中，发现对方不说话了，或者是情绪越来越激动，这就证明对话的氛围已经没有了安全感。这时要做的，不是继续喋喋不休地表达你的观点，而是要重新建立安全的对话氛围。具体可以通过道歉、对比说明、创建共同目的三种方式实现。

㊀ 本书中文版机械工业出版社已出版。

第三大关键是从事实入手。除了要让沟通对象的情绪水平降下来，控制自己的情绪水平也极其关键。作者给出的技巧是从事实入手，而不是表达观点。情绪 ABC 理论告诉我们，我们的情绪都是由自己的观念引起的。陈述事实而非表达观点，可以让自己在沟通过程中保持冷静。

第四大关键是了解对方的真实意图。在很多对话中，不是我们不愿意开诚布公地交流，而是对方不愿意敞开心扉，这样也会让沟通陷入僵局。所以想要成为沟通高手，不仅自己要会沟通，还需要帮助和引导对方积极参与对话。具体可以通过询问观点、确认感受、重新描述和主动引导来安排这样的对话。

掌握沟通的主动权，借助刻意训练习得的对话方式，如倾听的方式、肢体语言、语气等，可以辅助达到沟通的目的。

计划统筹能力

作为个体时，业务骨干往往将个人执行力视为最可倚仗的抓手，在具体任务上投入大量的时间和精力。而作为管理者的整体推动执行能力和作为个人贡献者的高效执行能力并不能画等号，个人执行力强并不意味着团队执行力就一定强。所以，很多新晋管理者在走上管理岗初期时常常没做好角色转换，投入大量的时间和精力在具体的事情上，陷入每天"瞎忙"的状态，工作结果却不理想，自然也不会得到上级积极的评价。因此针对任务执行的维度，新晋管理者需要认知转型和能力升级——积极思考如何发挥团队的执行力，通过合理的任务安排以完成整体目标的能力，即计划统筹能力。

计划统筹能力是指以实现整体目标为导向，系统、全面地理解公司整体目标，在此基础上制订计划、分工协作、持续跟进，对整体结果进行把控，确保计划达成的能力，具体要求如表 4-4 所示。

表 4-4 计划统筹任职标准

技能要求		任职标准
计划统筹	计划制订	在上级的指导下,制订个人工作计划: 在上级的指导下,依据部门目标,能独立制订个人工作计划,计划明确为达到目标需要完成的工作内容及所需资源,明确时间、衡量标准、成本预算、文档记录、责任人和过程监控点
	任务分配	明确个人工作任务,能够将简单任务进行合理分配: 1. 清晰自己在团队工作中的任务 2. 能将简单的工作任务分配给相关人员,共同解决
	结果把控	确保高质量交付工作,了解他人进度并给予帮助: 1. 主动向上级汇报自己的工作完成进度 2. 了解团队成员工作完成质量和进度,并能够给予相应的建议和帮助

在执行任务的过程中,除了关注工作任务本身之外,管理者还需要眼里能看到"人",心里能想到"人",因为决定最终工作结果的不仅是管理者个人的能力和努力,还有管理者有效"调动他人"的能力。为充分发挥团队成员的能力,管理者需要在分配任务的过程中,激发员工的工作动力,减少过程中的阻力。在管理者激发团队成员的工作动力方面,制定正确的目标只是第一步,更主要的是与员工就目标达成共识,从员工的角度出发,对目标进行解释说明,将工作任务与员工的个人利益、职业发展相关联,让员工理解并愿意做出承诺。在分配任务时,管理者应充分尊重员工的个体差异,分配符合员工意愿和能力的工作任务,发挥他们的长处,同时提供成长锻炼的机会。在任务执行过程中,管理者应让员工充分参与工作决策的讨论,让他们根据实际情况选择适合自身的工作方法,并在团队复盘的时候鼓励他们充分表达意见,提升他们对工作的掌控感。

另外,在任务执行过程中,员工免不了遇到各种困难和突发状况,每个人解决问题的能力和积累的经验不尽相同,面对这种情况,管理者需要在分配任务的时候有所考虑,提前做好应急预案。管理者还要进行持续的过程管理,如在员工遇到问题时能够给予必要的支持,避免让员工感到自己孤立无援。

只有做好以上几点，计划统筹能力才能得到充分的体现。

团队管理能力

团队管理能力在一定程度上决定了这个管理者未来究竟能走多远。在众多人才发展、人才盘点的项目中，我们发现，很多中层甚至高层管理者遇到的瓶颈往往在于不能有效地培养他人并管理团队。追根溯源，此项能力在他们新晋管理者阶段就没被有效培养，且在后续的经历中往往也没有得到充分锻炼，因此他们的自身潜能和团队业绩都会受到极大的限制。

在实际工作中，新晋管理者在团队管理方面会遇到很多障碍。通常情况下，作为之前专业领域的精英、优秀骨干，新晋管理者在相似的情境中往往迫不及待地想要发挥自己原来的专业优势。有管理意识的新晋管理者会先努力教下属如何完成任务，但当下属遇到困难，或工作效果、进度达不到自己预期的时候，他们更有可能跳出来自己做。还有部分新晋管理者可能会手把手指导下属按照自己的经验和思路去完成工作。无论哪种情况，都有可能造成这样的怪圈：下属缺乏足够的机会去找到最适合自己的方式完成任务，结果能力得不到锻炼，管理者本人也会因为将精力放在解决本不属于自己的问题上，疲于奔命。时间一长，管理者也只会重复自己擅长的事情，而无法挑战新的工作模式，培养新的工作能力，最终导致自己的"优势"异化为"紧箍咒"。

要在培养他人的能力上获得突破，管理者首先要认识到培养他人为企业、团队以及本人带来的长期价值，这种突破的具体含义如下。

第一，从短期主义转向长期主义。管理者需要明确认识到，具体工作任务即时体现的短期价值可以带来成就感，但管理和培养他人的长期价值很难做到，因此才会让潜在的管理者来承担这项长期而重要的责任。

新晋管理者在面对管理任务时，需要时刻提醒自己做好短期与长期的平衡，并确保长期价值的最大化。

第二，从个体价值视角转向整体价值视角。管理者需要明确自己"造钟者"而非"报时者"的身份，要从过去以完成工作任务获得嘉奖和认可为目的的行为模式转变到以整体价值视角采取措施的行为模式，要适时考虑怎样做才既能保证短期任务的完成，又能让团队的能力得到最大化的提升。

第三，从"我会做什么"转变为"我应该做什么"。新晋管理者需要暂时搁置自己擅长的专业能力，明确那些不是"非我不可"的工作项目，在遇到那些自己之前习惯性迫不及待想要完成的任务之时应优先选择激发他人去完成。例如，进行头脑风暴或会议时，鼓励团队成员优先充分表达意见。

具体来说，培养他人能力是指灵活地运用激励、沟通、指导、树立榜样等方法，激发团队成员的自我能动性，打造高绩效团队，持续为组织输送人才的能力，基本的任职标准如表4-5所示。

表4-5 团队管理任职标准

技能要求		任职标准
团队管理	选对人	了解相关岗位画像，掌握基本面试方法： 1. 了解部分相关岗位的人才画像 2. 掌握面试理念和基本面试方法
	激励人	主动鼓励他人，善于发现他人优点： 1. 鼓励团队成员敢于尝试 2. 善于发现他人优点，对他人取得的成绩积极认可
	评估人	明确相关岗位评价标准： 1. 了解相关人员的岗位业绩要求标准和素质能力标准 2. 对相关人员能够做出公平公正的评价
	发展人	主动帮助他人： 1. 在他人寻求帮助时，积极提供支持 2. 有意识地主动带教他人

除了作为新晋管理者应具备的最基本的沟通影响能力、计划统筹能力和团队管理能力外，每家企业还应根据自身的行业特征、企业所处的发展阶段（即自身战略发展要求），进一步明确需要企业新晋管理者具备的个性化管理能力。表4-6提供了新晋管理者应具备能力的提炼方法。

表4-6 个性化培养能力的步骤

关键步骤	解读公司战略地图	绘制组织能力地图	筛选核心能力与发展突破的能力	绘制岗位能力地图	设计相应的学习项目
步骤详解	• 明晰公司战略方向 • 明确公司关键战略举措	• 按专业能力、领导力、价值观维度进行分类，绘制行业标杆公司的组织能力地图 • 对照关键战略举措，确定核心组织能力要求	• 对核心能力发展的优先级进行排序 • 分析、筛选可学习、可发展的能力项	• 确定核心组织能力所要求的关键岗位类别 • 分析关键岗位所需要的核心能力要求	针对所需要提升的关键岗位能力要求设计相应的学习活动
示例	通过新产品提升市场占有率	价值观：创新突破 领导力：精益求精 专业能力：产品设计、工艺改进	产品设计	产品经理：客户思维、系统设计	用户端需求发掘课程、电商产品设计实战操作

（1）企业可以通过中高层的战略共识研讨会，明确公司的战略目标，并基于关键战略举措，绘制公司战略地图。

（2）绘制组织能力地图。企业可以从专业力、领导力、文化力等基本面出发，参考行业标杆企业的组织能力地图，同时依据自身战略地图，推导组织能力地图。

（3）企业应将呈现在组织能力地图中的能力进行优先级排序，然后将这些能力依据是否可学习发展进行区分，并进一步筛选出关键核心且可以通过学习发展来提升的能力。

（4）绘制岗位能力地图。这一步的目的是将前一步筛选出的可培养发展的能力应用到内部的管理岗位序列中。具体操作方法如下：选择管理岗位专家，研讨并明确管理岗位的关键任务，之后将完成这些关键任务所需要的动作进行拆解，列举出相应的知识和技能点，进而得出该管理岗位所需要的知识、技能、素质能力。

（5）企业应根据管理岗位能力地图设计相应的学习项目。

在实践中培养优秀骨干

在明确新晋管理者的任职资格之后，下一步的关键动作是制订与之对应的培养计划，用以帮助优秀骨干更快地适应新的工作岗位。为了提升新晋管理者的沟通影响能力、计划统筹能力和团队管理能力，导师带教和扩大工作职责是最有效的方法。从下文刘琉的成长过程中可以看出，导师带教和扩大工作职责对其成长发挥的重大作用。

导师赋能

让优秀骨干实现快速成长的最有效方式是，由最熟悉其业务和成长路径的上级作为导师来进行一对一带教。具体而言，导师需依据岗位学习地图，帮助优秀骨干制订有针对性的发展计划，并在计划实施过程中通过面谈反馈为其赋能，发挥"影子"的作用，帮助优秀骨干顺利实现全方位转型。

带教出一个希望之星

刘琉研究生毕业后就加入了永福光电，他从基层技术助理做起，凭借勤奋钻研的劲头、灵活创新的意识和良好的人际关系，一路获得了认可，在专业技术通道上持续进步，并逐渐成为小团队的负责人。

研发部经理张力一路看着刘琉成长起来，对其青睐有加，且多次在管理层会议上称赞他，同时认为其潜力远不止于此，希望能为他提供更加系统的培养。在与公司领导商量后，他决定专门为其制订个人发展计划，给予一些挑战性的工作任务，并持续跟踪反馈。

个人发展计划是帮助个人在既定的时间内发展或者具备某项知识、技能和能力的行动计划。具体而言，IDP通过制定可量化、可衡量的操作步骤来缩小员工现有能力与所期望达到能力之间的差距，有助于员工保持个人目标与组织目标的一致性。此外，IDP的实施在促进员工发展的同时，还有助于上级提升自身的教练技巧和管理能力。IDP的制定与管理可通过以下六个步骤实现。

步骤一：做好准备。企业可以使用360度测评反馈、管理层调研、岗位职责与任职资格梳理等多种方式明确界定员工的优势及发展机会点。

步骤二：初步讨论。员工和导师可以根据员工自身发展需求、组织目标并结合任职资格初步讨论IDP目标。此过程应重点关注当前和可预见未来的发展目标及业务领域关键技能需求。

步骤三：起草IDP。IDP起草应关注1～2个员工的自身优势和发展需求，以确保发展事项的聚焦实施。其中，发展事项主要分为实践活动和学习活动，时间资源应更多地向实践活动倾斜。

步骤四：讨论和协定IDP内容。员工应该和导师一起审阅IDP初稿，为了实施行动并达到目标，应遵循SMART原则明确所要实现的内容，且双方应就实施目标和行动所需要增加的任何支持或资源达成一致意见。

步骤五：实施IDP。一旦导师和员工针对一项行动计划达成共识，获得导师支持的员工就要着手实施IDP中所列出的学习和发展事项。

步骤六：检查进度和重新评估。导师应针对IDP实施情况与员工定期面谈，检视目标完成情况、提出改进意见并实时更新新出现的需求。

按照以上步骤，刘琦的导师与其一起制订了IDP。

在收集了刘琉的绩效数据、人才盘点结果、性格测评报告、360度测评反馈报告等信息后，张力草拟了一份针对刘琉的个人发展计划，并找到刘琉进行了一次专门的发展面谈。在面谈中，张力结合上次的360度测评反馈报告，帮助刘琉总结了他的优势和不足，畅想了未来的职业发展规划，并确定了未来一年的发展目标——成为部门副经理。

经过分析和沟通，张力发现刘琉成为部门副经理欠缺的能力主要有：缺乏影响发动其他同事和部门配合完成相应工作的经验，沟通影响的效果也不太好，所以这是一个需要重点发展的能力项；作为部门副经理，需要统筹安排整个部门同事的时间，共同应对部门目标的挑战，刘琉在个人的时间计划方面做得不错，但在更高层面的表现上，目前并没有展现出优秀的行为，所以需要在未来将范围扩大到部门层面；对整个技术研发部门来说，目前的人员能力是远远不能满足业务发展目标的，未来需要引进优秀人才，同时培养好现有的合适人才，这个担子目前主要是由张力承担，但未来一年内随着人员的增加，这项任务的难度几乎翻倍，所以需要刘琉承担其中的一部分。基于这些分析，张力与刘琉共同设计了提升方式，形成了个人发展计划表，如表4-7所示。

表4-7 个人发展计划表

姓名：刘琉	年龄：27岁	当前职位：技术主管	在岗时间：1.5年
第一部分：发展规划与分析			
职业目标	研发部副经理		
变化与挑战 （对照岗位职责）	由带领小团队转变为辅助管理整个部门 对团队目标负责 统筹管理整个团队的任务协调		

(续)

第二部分：能力发展分析	
优势： 1. 学习能力强，短时间内学习效率高 2. 思维开放度高，乐于学习新鲜事物 3. 大胆自信，敢于挑战	重点发展的能力： 1. 计划统筹。目前的问题表现在多项任务并行时，尤其是下面组员面临多项任务时，不能够有效利用周边资源，统筹达成目标 2. 团队管理。目前的问题表现在有一定的管理意识，但方法上较为单一，经验不足 3. 沟通影响。目前的问题表现在自己能够精准理解组织层面的需求，但在影响他人理解接受的过程中，打折扣的现象明显，需要在更大范围内发挥影响力

第三部分：能力提升计划

能力提升方式	发展能力项	成功衡量标准	行动计划/发展活动	预计完成时间
扩大工作职责	计划统筹能力	资料库通过审核并开始应用	建立产品资料库；统筹安排组内成员形成资料库存储方案；按要求将产品资料存放到资料库中	6个月
	团队管理能力	完成内训次数	每月定期举行内训，轮流解说，评估培训效果，定期反馈；在公司条件允许的最大限度内，参加管理会议	1年
	沟通影响能力	项目计划完成	主导阻燃光缆单项冠军项目；通过行动学习的方式组织小组成员，协调部门其他小组，分析标杆与竞品技术；分析确定A类客户、A类产品、A类渠道；制订市场需求调研方案；制定单项冠军销售核算规则并分解全年销售目标；制订产品推广方案并执行	1年
直线经理带教	专业能力	绩效得分90以上	制订IDP并定期跟踪、面谈；实时检查业务成果，并引导复盘；提升专业能力和计划统筹能力	持续
自我学习	专业知识	分三次进行内部分享	阅读《卓有成效的管理者》《领导梯队》等图书	6个月

(续)

第四部分：阶段性提升总结	
第一季度学习和实践状况总结： 逐步掌握了团队成员的特点，团队氛围更加积极；季度目标超额完成	下一阶段的发展目标： 重点协调公司层面的资源完成阻燃光缆单项冠军项目
第二季度学习和实践状况总结： — （第二季度结束后填写）	下一阶段的发展目标： — （第二季度结束后填写）
第三季度学习和实践状况总结： — （第三季度结束后填写）	下一阶段的发展目标： — （第三季度结束后填写）
第四季度学习和实践状况总结： — （第四季度结束后填写）	下一阶段的发展目标： — （第四季度结束后填写）

IDP制订后，张力在后续的一年中，以此表为主要依据，对刘琉进行带教。张力深知这一管理工具运用的效果关键取决于后续的执行和跟踪。在实践过程中，张力需要重点关注刘琉的沟通影响能力、计划统筹能力和培养他人的能力在特定阶段有没有提升。

为此，他除了自己观察之外，也经常找周围其他同事了解情况，广泛听取其他同事的感受和评价，并在此基础上，结合挑战性工作任务的完成情况，每个月与刘琉进行一次正式的反馈面谈。刘琉也通过这样的机会，真实地反馈了自己的困难。例如二季度末，部门总体项目进度压力较大，他除了完成原有的项目任务以外，还需要专门加班加点推进所承担的挑战项目，尤其是需要召集跨部门的成员开会研讨遇到的困难，并整合其他部门的资源加以解决。这让刘琉和他的组员们倍感压力，张力分享自己曾经遇到的类似经历和经验，帮助刘琉打开思路：即使再着急，也要相信伙伴，要耐心辅导他们自己找到方法，及时跟踪并鼓励他们，以此支持阶段性目标的完成。

除了正式的跟踪反馈，张力还通过经营分析会、书面反馈的方式引导人才进行改进。为此，张力也反复提醒自己要洞察日常工作中的蛛丝马迹，这样才能提出针对性强、关键、及时的反馈信息，为下属提供精心辅导。召开部门的经营分析会时，张力全面考查并引导刘琉逐步关注系统全局，关注业绩指标及胜任能力，询问关键问题，追究成功或失败的主要原因，鼓励他果断自信地判断并做出决定。

在 IDP 实施过程中，导师会持续对培养对象成长的过程进行"评价"。行为心理学教授卡罗尔·德韦克（Carol Dweck）在《终身成长》里提出"成长型思维"的概念：优秀的人相信人是可以发展和成长的，因此评价只反映你这一阶段的状态，别人对你的反馈都可视作帮助你发展的建议。相反，具有"固定型思维"的人则认为，人的能力是与生俱来和一成不变的，因此评价就是对自己的展示，需要尽量暴露优点，遮掩缺点；他们还认为他人的反馈就是一种对自己的评价，因此只希望被表扬，不希望获得负面的意见。无论从个人发展的角度而言，还是从作为管理者要培养员工的角度考虑，都需要明确并强化的理念是，人是可以成长和发展的。此外，将评价和反馈视为帮助发展的工具与手段。使自己获得发展并帮助团队发展，也是管理工作的意义和价值所在。

基于此，上级首先需要帮助培养对象建立并强化"成长型思维"，落实到具体的实践中表现为对培养对象进行跟踪面谈反馈。发展面谈是最常见的跟踪反馈方式。所谓发展面谈，就是上级领导与员工针对这一个周期内的员工表现及个人成长，结合员工个人发展计划进行面对面的交流与讨论，从而指导员工绩效持续改进及个人持续成长的一项管理活动。谈话过程的引导可使用 5R 教练技术。

张力一直在用 5R 教练技术与刘琉进行反馈面谈，帮助其解决执行 IDP 过程中的难点。其中一次关于解决"行动学习"中遇到难题的对话还历历在目。

张力：刘琉，最近看到你主导的阻燃光缆单项冠军项目的行动学习推广得风风火火，干得不错啊。

刘琉：谢谢您的肯定和支持。

张力：这个项目下一阶段的目标和任务有哪些？还有什么需要支持的地方吗？

刘琉：目前前期的工作基本完成，接下来主要的难题是如何进行市场推广。

张力：你面临的困难是什么？

刘琉：一方面经费有限，另一方面各个行动学习小组的成员经验都不足。

张力：那么为了克服经验不足的问题，你们做了哪些行动呢？

刘琉：每次的小组会议会邀请公司内部的资深专家参与，给出指导意见，也请小组成员去做更加深度的标杆研究，分享给大家。

张力：除此之外，还有什么可以做但没做的吗？

刘琉：应该还是有的，比如找两个近期的行业展会，安排两三个组员去参加，回来给大家分享，并讨论完善的市场推广方案。

张力：还有吗？

刘琉：还可以整理分析我们公司原来的几个冠军产品的推广方案，温故知新。

张力：非常好，我听到你已经又想出来两个好办法了，那么接下来你打算怎么推进落实呢？

刘琉：我会请第三小组的组员做展会，第四小组的组员整理公司过往成果。

张力：非常好，需要我做什么来帮你确认呢？

刘琉：我会每周向您汇报进展，过程中的成果文件也会抄送给您，必要时请您给出指导意见。

除了正式的反馈，张力也经常利用书面反馈辅导刘琉，尤其是针对重大的关键性问题。张力花时间反省自己的观察，盘点遗漏，经过自己系统思考后，寻找方法形成书面记录并反馈给刘琉。刘琉自己也反馈说，这些邮件让他受益匪浅。

承担管理任务

在优秀骨干从开始凸显潜力，到被选拔为高潜力培养对象，到被系统培养，到真正成为管理者的过程中，承担管理任务是其持续进行的状态。这个过程可以帮助培养对象逐渐从 I 型人才发展成为 T 型人才，甚至是 π 型人才[①]。然而，我们通过领导力的调研发现，管理者不仅很少在辅导他人上投入时间，也很少真正具备辅导他人的能力。而辅导他人是新晋管理者尤其需要重视，又最难提升的一项能力。因此，在培养优秀骨干成为管理者之前可通过让其承担管理任务的方法，提升其培养他人的能力。我们从刘琉成长的过程中也能看出其培养他人的能力是如何被锻炼起来的。

在刘琉的培养计划进行到第三个季度中段时，其主要目标基本已经达成。而此时部门突然面临一个巨大的挑战，就是需要淘汰个别不合适的人，同时扩大部门人员规模，这样就带来了短期内需要招聘6个人的需求。

这项任务单纯依靠人力资源部显然不可能完成，鉴于刘琉在人才培养方面的进步和展现的潜力，张力和人事副总商量后，决定让刘琉担任部门内部的人才官，全面负责人才的搜寻、面试和试用期培养与考查工作。刘琉欣然应允，与人力资源部的同事取经之后，自己开始一边看书

[①] I 型人才，即专业型人才。T 型人才，即既有较深的专业知识，又有广博的知识面，集深与博于一身的人才。π 型人才，即至少拥有两种专业技能，并能将多门知识融会贯通的高级复合型人才。

学习如何招聘，一边报名参加培训班提升面试技能，同时还发动周围亲戚朋友和同事们的资源，积极协调张力的时间进行面试，最终在两周内实现了5人入职。

这些人进入部门后，刘琥对他们的带教更加积极且得心应手。这些同事是他从最初的需求分析与确定、人才画像的制定、面试控制等各个环节全面而深入地思考并执行后最终招募过来的。在此过程中，他对团队的搭建、人才的选拔等问题有了深刻的理解。这项任务既充分发挥了他的积极性，锻炼了精准选人的能力，也让他对人的管理有了更深的体会，给他未来在团队管理方面打下了非常好的基础。

团队管理能力的提升无法达到立竿见影的效果，我们对员工的成长周期和成果要有正确合理的预期。在选择最有潜力的骨干进行管理能力培养时，我们需积极引导他们大胆自信、主动承担的意识，同时要在过程中帮助其解决实际的问题。人力资源部需尽可能地建立健全导师带教机制，激发导师的积极性，使其乐于投身到优秀骨干培养工作中，尽可能发挥导师提升培养对象专业能力、塑造其心智的作用。帮助优秀骨干平稳地从专业人才走向管理人才的同时，也应尽可能管理好该群体的期望，帮助其找到发展定位，避免不必要的人才流失，为组织不断输送和保留优秀的人才。

参加管理会议

管理者需要的管理思维之一是：要有更高一层的站位。这样的管理者更能理解上一级的管理思维，也就更能将任务承上启下地完成，达到整体目标。其中，培养和锻炼管理思维最直接有效的方法是参加管理会议。不同类型的管理会议可以锻炼不同的管理能力，从参会到主持会议可以锻炼管理者更全面的管理思维。总的来说，参加的管理会议主要有以下几个方面。

（1）主持部门管理会议。通过主持部门管理会议，管理者可以锻炼自己从全部门视角处理问题的思维和习惯，与此同时，他们可以借助这个过程展现自己的能力、业绩表现，形成对其他团队成员的影响力，进而提升计划统筹能力、团队管理能力和沟通影响能力。

（2）参加部门间的沟通协调会。通过参加部门间的沟通协调会，管理者可以理解相关部门的工作模式和关键问题，有利于提升自身沟通协调能力，更有利于团队协同，为未来做好协调工作打下基础。

（3）参加公司的专项改进会议。通过参加公司的专项改进会议，管理者可以更加直观地理解公司业务的核心痛点，在会议过程中贡献管理智慧与解决问题的思路，在关键点上发挥价值，提升影响他人的能力。

（4）参加公司经营分析会。通过参加公司经营分析会，管理者可以更深入地理解公司经营状态，了解团队工作实现的差距与优势，及时地改进不足，复制优势，形成公司的核心竞争力，确保团队目标实现的方式与公司一致。与此同时，参加公司经营分析会也是一次极好的跨部门之间相互学习的机会。在此基础上，管理者可以根据组织的要求不断提升团队的组织能力。

（5）列席公司战略制定会议。通过列席公司战略制定会议，管理者可以站在整个公司的角度，理解业务需求，进一步从经营本质的角度去开展工作，与公司战略方向保持一致。这不仅可以促进短期目标的实现，也为长期目标贡献价值。

从被培养的6月开始，张力就开始安排刘琉主持召开部门的月度会议和周会。刘琉安排同事准备材料，会议上他积极调动其他同事的积极性和责任意识，群策群力，帮助同事解决实际工作中遇到的问题。此外，刘琉还将公司的文化植入会议中，如在会议的最后，组织大家分享员工故事，鼓励员工分享工作中的亮点。这些措施在解决部门问题的同时，也增强了团队的凝聚力与成就感。

到了 10 月，张力开始让刘琉实际承担起部门副经理的职责，公司的经营分析会、部门间的协调沟通会议、专项改进会议，甚至是 11 月底召开的公司战略共识研讨会，张力也特意向公司申请让刘琉一起参加。经过这些历练，刘琉逐步提升了责任感和思考问题的高度。会上，他结合自己在团队管理方面的经验，提出了很具建设性的意见，给整个会议带来了令人耳目一新的想法。

看到每次关键会议之后刘琉的做法，张力看到了这些管理会议对于刘琉的价值。

我们从上述刘琉成长的过程中可以看到，对合适的培养对象，根据其自身的特点，匹配上有效的培养方法，自然产生相应的价值。在实际工作开展的过程中，优秀骨干到团队管理者的转变，其价值产出不会立竿见影，企业对员工的成长周期和成果要有正确合理的预期。我们在选择最有潜力的骨干进行管理能力提升时，需积极引导他们大胆自信、主动承担的意识，过程中积极引导，帮助其解决实际的问题。同时，人力资源部需尽可能地建立健全导师带教机制，激发导师的积极性，投身于优秀骨干培养工作，尽可能发挥导师提升专业能力、成长其心智的作用。帮助优秀骨干平稳从专业走向管理，即使存在培养的失败，也尽可能在过程中管理好期望与预期，帮助其找到发展定位，避免不必要的人才流失，为组织不断输送和保留优秀的人才。

■ 关键发现

- 专业过硬的骨干不仅对当下业绩产出有贡献，在未来更有可能指导他人持续做出贡献。另外，只有专业过硬的骨干人员才有机会被管理者广泛认可，才有机会进入人才培养池。

- 作为之前专业领域的精英，优秀骨干在相似的情境中往往迫不及待地想要发挥自己原来的专业优势。要实现 3 倍速成长，他们更加需要刻意回避越俎代庖的冲动，应在耐心指导下属完成工作任务的同时，为其赋能，让其成长。
- 影响他人能力是优秀骨干被继续培养的筛选条件，是他们区别于早期个人业绩贡献者的关键指标，他们影响他人的能力对结果的实现有着至关重要的作用。
- 让优秀骨干快速实现成长最有效的方式就是由最熟悉其业务和成长路径的上级作为导师进行一对一带教赋能，具体表现为利用有针对性的发展计划和过程中的持续面谈反馈。
- 为了让优秀骨干尽早承担管理任务，适应管理角色，让他们参加管理会议是非常有效的培养方法。不同类型的管理会议能够锻炼不同的能力。

Triple Speed Talent
Development

第 5 章

现任管理者充电续航

> 一个世纪里都有像韦尔奇这样的千才当 CEO，而且全部都是公司内部自行培养的，这的确是通用电气成为高瞻远瞩公司的关键原因之一。
>
> ——吉姆·柯林斯

从企业发展生命周期看，大多数企业处在青春期或稳定期的时间较长，但大多数很难避免衰退期而走下坡路，从人员能力建设的角度看，这是由于大多数中层干部跟不上组织发展的速度。原因在于：一方面，企业将其从管培生或基层岗位培养上来后，没有提供条件和机会让其继续成长；另一方面，很多中层干部在获得了一定的成就后，习惯躺在过去的"功劳簿"上，放松了对自己的要求。就如阿里巴巴常用的一个观点，在创业早期企业应该注意"野狗"的产生，在创业后期需警惕"老白兔"的现象，因为"老白兔"的存在不仅会滋生"兔子窝"，更可能会演变为部门或组织的天花板，成为企业发展中的阻碍。因此，如何让中层干部持续成长，更上一层楼，为高层梯队建设输血，也是培养工作的重心。

优秀现任管理者 3 倍速培养模型

标杆企业往往在培养自己的现任管理者方面有成熟的经验。宝洁公司已建立起覆盖所有类别人才的培养体系，将现有人才队伍中的可塑之才以最高效的方法培养出来，这些人才既是宝洁傲人业绩的创造者，也是宝洁基业长青的保障。内部提升制是宝洁人力资源管理哲学的核心，在这个核心的基础上，除了法律、医生等极少数岗位，其他所有岗位都以校园招聘为主。他们对内部各个层级人才的培养有极高的要求。宝洁对培养对象的业绩评估结果采取强制分布，分1、2、3等，且只有等级2以上的员工才有资格升级和跨部门轮岗。在业绩评价的同时，宝洁还会对员工进行能力分析和评估，用以明确员工优势能力和需改进的方面，并以此为基础设计个人发展计划加以培养。宝洁持续的人才跟踪管理，内嵌了对优秀的现任中层进行大力培养、不合适的人员及时替换的机制，这保障了现有团队具有持续奋斗的状态，也激发了内部更大的潜力。

德锐咨询结合卓越企业及自己的项目实操经验，提出了现任管理者的3倍速培养模型，如表5-1所示。

表 5-1 现任管理者 3 倍速培养模型

管理者来源	培养值得培养的人			有培养能力的人来培养	培养能够培养的能力	在实践中培养
	冰山上	冰山下	筛选条件			
现任管理者	业绩达标	1. 先公后私 2. 聪慧敏锐 3. 成就动机 4. 学习突破 5. 团队协作	持续奋斗	1. 人力资源部 2. 导师 3. 直线经理	1. 新知识 2. 新技术 3. 新的管理理念及方法	1. 轮岗 2. 外派充电学习

对现任的中层管理者来说，能否实现3倍速成长的关键在于选择值得培养的对象。在选择现任管理者时，冰山上的条件是业绩达标，也是现有岗位胜任度的体现，冰山下除了关注先公后私、聪慧敏锐、成就动机、学习突破和团队协作方面的特质外，还需要有"持续奋斗"的特质。从培养的主体来看，人力资源部、导师和直线经理都发挥着重要作用；在培养内容方面，差异化体现在其需要持续地跟上组织发展的要求，真正弥补现任中层管理者的短板，因此他们的精力主要应该放在学习并应用新知识、新技术、新的管理理念及方法上。新知识和新技术能进一步提升他们的专业表现和业绩产出，新的管理理念及方法则能够直接帮助他们拓展之前所不具备的，但对优秀管理者至关重要的管理意识及相关的管理技能。而从培养方式来看，有效的培养方法主要有轮岗和外派充电学习。企业应基于现任管理者3倍速培养模型，抓住对现有中层培养的关键，选择合适的培养方式，保障其能力持续提升。

不是所有的现任管理者都值得培养

在以往帮助企业搭建人力资源体系的过程中我们经常看到，企业家希望对所有中层人员进行培养，提升能力，但事实上这种撒胡椒粉的培养导向既不现实，也不经济。个体培养的潜力存在差异，对于值得培养的个体要重点进行资源倾斜：一方面要确保其持续胜任现有工作岗位，另一方面要让其具备晋升和发展的可能性以承担更重要的责任。从现任管理者3倍速培养模型中也能看到，我们倾向于培养资源向业绩持续达标者、高潜力和持续奋斗的个体倾斜。

业绩达标是成为培养对象的冰山上业绩条件

业绩是衡量个体过去是否做得好的一个非常重要的指标，也是岗位胜任力的一个体现，业绩不符合岗位的个体更需要的是辅导而不是培养，因此培养资源首先需要向引领企业创造业绩的 20% 头部人员倾斜。除了其带领的团队业绩结果外，很多企业也会结合企业管理指标一起考虑，如辅导他人、专业培训或知识沉淀、标准制定等，通过明确业绩条件标准的制定，更能精准识别现有中层干部的胜任度，如表 5-2 所示。当然，每家企业针对业绩条件的设置可根据具体的管理需要进行调整。

表 5-2 某企业管理序列业绩标准

模块	维度	职级 5 主管	职级 6 副经理	职级 7 经理	职级 8 总监	职级 9 副总经理
基本条件	学历	大专及以上学历	大专及以上学历	本科及以上学历	本科及以上学历	本科及以上学历
基本条件	经验	4 年以上工作经验，或在公司内部上一级别从业年限不低于 2 年	4 年及以上管理经验，或在公司内部上一级别从业年限不低于 2 年	6 年（不含）以上管理经验，或在公司内部上一级别从业年限不低于 2 年	10 年以上管理经验，或在公司内部上一级别从业年限不低于 2 年	15 年以上管理经验，或在公司内部上一级别从业年限不低于 3 年
基本条件	轮岗	—	—	—	轮岗至少 1 个部门，期限至少半年	轮岗至少 2 个部门，每次期限至少半年
业绩条件	绩效条件	认证前一年年度绩效考核结果为 B 级及以上	认证前一年年度绩效考核结果为 B 级及以上	认证前一年年度绩效考核结果为 B 级及以上	认证前一年年度绩效考核结果为 B 级及以上	认证前一年年度绩效考核结果为 B 级及以上
业绩条件	辅导他人	辅导 1 名员工具晋升至上一级的资格	辅导 2 名员工具备晋升至上一级的资格	辅导 1 名员工具备科长资格	辅导 1 名员工具备副经理资格	辅导 1 名员工具备接替本人原岗位资格，或辅导 2 名员工具备经理资格

(续)

模块	维度	职级5 主管	职级6 副经理	职级7 经理	职级8 总监	职级9 副总经理
业绩条件	专业培训	每年授课分享总时长不低于2小时	每年授课分享总时长不低于3小时	每年授课分享总时长不低于4小时	每年授课分享总时长不低于6小时，其中企业文化（含新员工培训）宣讲不低于1小时	每年授课分享总时长不低于6小时，其中企业文化（含新员工培训）宣讲不低于1小时
	标准制定	—	参与1个部门级标准/流程的制定或优化	主导1个部门级标准/流程的制定或优化	主导制定或优化1项部门级标准/流程	主导制定或优化1项中心级标准/流程

持续奋斗是中层被培养的冰山下筛选条件

针对近几年反复引发争议的"35岁+"员工在华为面临被辞退的传闻，任正非正面回应："只看年龄的话，我早被淘汰了！"任正非称："我们的岗位没有对年龄的限制！而是看你的能力和贡献，看你能不能适应作战，如果你认为自己还年轻，想奋斗，那就好好学习，努力贡献，一定要跟上队！要有驾驭工作的能力，否则没有人同情你！华为不会对工龄实施保护，只是对你的贡献进行保护！"不止华为，大部分企业中层干部发展到一定阶段后，积累了一定的财富、荣誉、成就感，不少人会逐渐出现懈怠现象，往往会从原来的拉车人，变成坐车的人。

所以，对于华为而言，放弃的不是年龄大的员工，而是那些失去奋斗激情的人员。只要企业在发展，就需要个体以更快的成长速度去引领发展，而作为中坚力量的中层干部更应如此。中层干部比普通员工更直接地面对企业发展中的新难题、新困难和新挑战，如果没有强烈的持续奋斗精神，那么在角色转换、时间投入及工作重点方向的切换上都将面临重重困难，也就无法满足企业更快的成长速度需要。他们得过且过甚至放之任之的心态不仅会影响自身的转型，还会影响整个团队的发展，也会让组织陷入困境。

持续奋斗是可以培养但难以培养的素质能力，因此在挑选培养对象上，企业除了应关注先公后私、聪慧敏锐、成就动机、学习突破和团队协作方面的特质外，还要将持续奋斗作为筛选条件。具体而言，当个体不能满足如表5-3的2～3分对应的行为描述时，就不能被纳为培养对象。

表5-3 持续奋斗素质模型分级判断标准

素质项	定义	0～1分（待发展）	2～3分（胜任）	4～5分（优秀）	6～7分（卓越）
持续奋斗	长期坚持对事业的执着追求，持续进步，追求卓越	工作中得过且过，做事拖拉，不求上进	主动制订工作计划和目标，踏实完成工作任务	遇到问题迎难而上，积极学习总结，努力提升业绩	有强烈的进取心，树立清晰的发展目标，并积极影响他人为实现目标一起奋斗

对应发展中的企业，持续奋斗的提倡行为如下。

- 无须他人要求，主动承担更多职责和任务。
- 遇到难题和复杂的问题主动接受、调整并极力克服。
- 利用组织资源，带动周围人实现困难的目标，获得重要的新业务主动权。
- 承担并管理对业务有积极或消极影响的风险。
- 相信可能性，主动尝试看似困难的事。
- 为遭到强烈反对或较少支持的新业务提供有意义的个人或组织资源支持。

不具备持续奋斗精神的人则呈现以下行为。

- 安于现状，满足现阶段取得的成就，甚至抵制变革。

- 回避他人的请求，能推脱就推脱。
- 专挑简单无风险的事情去做，遇到压力、风险就退缩。
- 躺在功劳簿上享受，攥着组织资源不分享。

持续奋斗这一素质，虽然难以培养，但仍可以培养。为了确保中层干部长期坚持奋斗精神，企业层面需要创造这类素质项的成长条件：明确远大的事业愿景、战略发展目标，让中层干部清楚地理解企业发展与他们个人的关系，唤起他们的认同感与参与度。

企业应从多方面保证培养对象长期处于高度投入的状态，甚至是长期的工作和生活的"心流"状态。根据米哈里·契克森米哈赖的定义，心流是一种将个人精神力完全投注到某种活动上的感觉，人做一件事情时忘我愉快的状态，是人们全身心投入某事的一种心理状态（如围棋手对弈时、艺术家在创作时）。要进入心流状态并持续维持的实现路径有很多，但不可或缺的有以下五个：热爱所做的事；具备一定的技能，对做的事有主控的能力；对有挑战性，但不会太有挑战，难度微微超过当下的事情有控制能力；要有阶段性的反馈和奖励；要有明确的目标，并且知道大致的步骤。

当发现个体不具备持续奋斗精神时，企业需创造条件和机会帮其改变现状，当其满足相应的培养标准时再加大培养，以避免选错人带来的培养成本浪费。

冰山下的素质项是无法轻易改变的，那么优秀管理者最深层次的素质就需要通过选择而不是培养得来。从现任管理者完成突破转型成为优秀管理者的过程同样如此。企业可结合业绩标准和素质能力标准的人才盘点九宫格（见图2-3），对现任管理者进行分类管理，识别并充分发挥每个人的潜力。

针对不同的现任管理者实施不同的人才管理方式，如表5-4所示。

表 5-4　现任管理者分类管理方式

盘点结果	人才特征	人力资源工作介入方式	
		岗位调整计划	培养发展方式
1	业绩高、素质高	1年内考虑晋升	基于晋升的需要设计培养方案，如扩大工作职责、外派充电学习等
2+	业绩高、素质中和业绩中、素质高	1～3年内可考虑晋升	基于晋升需要设计培养方案；给予更多的磨炼机会，如轮岗、扩大工作职责、外派充电学习等
2	业绩中、素质中	保持不变	基于胜任需要进行培养：培训或绩效辅导，使其转化为明星员工或业务骨干
3	业绩低、素质中高	必要时转岗	基于胜任需要进行辅导：查找原因，通过辅导帮助其业绩提升或进行岗位调整
4	业绩中高、素质低	必要时淘汰	不投入过多的时间和精力：换岗，必要时淘汰
5	业绩低、素质低	淘汰	不投入过多的时间和精力：3个月内做出淘汰处理

- 对于业绩高、素质高的1类人员，在1年内可以考虑晋升，同时可基于晋升的需要设计培养方案，保证现有工作的平稳交接。针对此类人员常用的培养方法有扩大工作职责、外派充电学习等。

- 对于业绩高，素质中和业绩中、素质高的2+类人员，在1～3年内可以考虑晋升，同样，可基于晋升的需要为其设计培养方案。由于此类人员培养周期长，可考虑给予其更多的磨炼机会。针对此类人员，常用的培养方式有轮岗、扩大工作职责、外派充电学习等。

- 对于业绩中、素质中的2类人员，建议其在现有岗位上继续发展，同时基于持续胜任的需要对其进行培养，如有可能，应通过培训或辅导，使其转化为明星员工或业务骨干。

- 对于业绩低、素质中高的3类人员，可以基于胜任需要进行辅导，如通过分析查找原因，辅导帮助其业绩提升，如有必要可进行转岗、降级或淘汰。

- 对于素质低但业绩中高的 4 类人员，不应投入过多的时间和精力，建议通过换岗的方式发挥其专业业绩价值，若判定无法完成，则要尽早进行淘汰处理。
- 对于业绩低、素质低的 5 类人员，建议企业在 3 个月内做出淘汰处理。

在实践中培养持续奋斗的现任管理者

现任管理者在文化、专业知识、关系融入等方面已经有了良好的基础，从为了培养现任管理者更好胜任现有岗位以及承担更重要职责的角度出发，更需要找对方法。现任管理者的持续成长会受制于天然的障碍，如受限于过去经验的思维和行动的局限性，过于习惯性地用原有的专业知识解决问题，或过于狭隘地从本部门或团队出发思考和解决问题，这些都极大地限制了其对于其他业务领域的理解，最终会影响其对更大责任的承担；抑或是面对企业的发展与变化，对于新知识、新技能、新的管理理念及方法的要求，需要其更快地提前了解、掌握与应用以引领企业的发展。

任正非曾说："没有什么能阻挡我们前进的步伐，唯有我们内部管理干部的惰怠与腐败。"华为对于干部接班人的要求是不能腐化、自私和得过且过，不能安于现状、不思进取。对于一些不敢于去挑战新的领域、不敢于去挑战新的难题、不敢于有更高追求的干部，华为的做法是从机制上杜绝，如定期对干部进行轮岗，赋予不同的挑战性任务，且与华为任职资格制度高度关联，避免出现更多的"坐车者"。

对现任管理者来说，思想不经磨炼，就容易钝化。持续奋斗就是在思想上不断地炼钢，企业确保其持续奋斗的前提是要建立起让现任管理者被激活的机制，从培养机制的角度需要更多地锻炼其全局思维意识和给予新的挑战，在完成挑战性任务的过程中，让其不断地进步与发展。在实践中培养是更有效的方法：其一，通过轮岗，现任管理者可以提升全局思维的意识，养成更全面的战略思维；其二，通过外出学习新知识，现任管理者可以获得新的观察视角与思想冲击，从而在实际工作中有能力应对新的、复杂的挑战。

轮岗造就更全面的将才

无论是培养个人的周边经验与复合型能力，还是打破组织板结，破除山头与惰怠，轮岗制都是一个已经被证实行之有效的好方法。不少企业常见的"一岗定终身"和"多年媳妇熬成婆"的现象让很多管理层感到前路渺茫，因毫无希望而消极，思想禁锢老化，丧失活力与创造力，工作状态常常是安排什么就做什么，不安排就不做，敷衍了事的不在少数，或者即使做了，也毫无效率。正所谓"人挪活，树挪死"，通过轮岗，现任管理者的积极性被充分调动起来，他们可以更好地掌握企业的总体业务，站在不同的岗位上思考，更具有全局思维，更有能力解决实际工作中遇到的问题；与此同时，他们更有机会学习到最新的知识、技术、管理理念和方法，也有更多的可能性将其应用于不同的领域，进而在实践中得到进步与提升。从星洲股份的案例中，不难看出轮岗带来的作用与价值。

轮岗造就未来之星

星洲股份是一家大型综合控股集团，以精密制造业务为核心。近两年来，各项相关业务也呈现蓬勃发展之势，对人才的需求极为迫切。早在四年前，董事长徐总就已经意识到未来各大业务板块都需要综合型管理人才，所以从集团层面提前做了布局，通过人才盘点选拔出优秀的中层干部，制订了精密的培养计划，除了大量新的管理知识、技能和技术外，在轮岗的设计上做了巧妙的设计与实施。

第一步：打通集团与子公司职位等级体系

在明确集团与子公司管控关系后，集团总部明确了组织架构，并在此基础上进行了全集团岗位的梳理。人力资源部主导建立起集团层面的职位等级体系，打通了集团与子公司管理序列的通道，如表5-5所示。

表5-5　星洲股份职位等级体系表

职级	管理序列	子公司管理序列	技术序列	营销序列	职能序列	操作序列
9	总经理	—	—	—	—	—
8	副总经理	—	首席专家	—	—	—
7	总监	总经理	高级专家	资深大区销售经理	—	—
6	经理	副总经理	专家	高级大区销售经理	—	—
5	副经理	经理	资深工程师	大区销售经理	—	高级技师
4	主管	主管	高级工程师	高级销售/市场专员	资深专员	中级技师
3	—	—	工程师	销售/市场专员	高级专员	三级操作工
2	—	—	助理工程师	—	专员	二级操作工
1	—	—	—	—	—	一级操作工

第二步：培养岗位需求确认

集团根据综合发展需求判断需要的管理人员以及关键要求，如现有的销售总监最好具有营销总监的思维，现有研发经理需要具备生产和销售思维，人力资源主管可以轮岗分公司的人力资源经理等，计划对这三个岗位的6位同事实施轮岗。明确了轮岗计划后，人力资源部梳理了各岗位的经验、职责和所需的关键能力（见表5-6），这些经验和能力是现任管理者得以创造价值的基础，同时也是希望轮岗能有所收获的关键所在。

表 5-6　生产经理任职资格标准

任职标准	标准项	生产经理
基本条件	学历	大专及以上
	经验	5 年及以上同类型工作经验，或在 4 级岗位工作不低于 2 年，其中有 1 年的品质管理经验
	绩效	连续两年年度绩效等级不低于 C，且上一年度绩效等级不低于 B
组织贡献	培养他人	培养 1 名人员胜任主管资格
	知识共享	进行公开培训不低于 6 次 / 年，总时长不低于 10 小时 / 年，且需包括一次跨部门知识经验分享，且制作相关知识培训的书面课件至少 2 份 / 年（满足公司课件开发规划要求，授课平均满意度 75 分）
	人才引进	上年度作为辅面试官的面试次数不少于 6 次，能用 STAR 方法进行追问（面试评估表记录）
知识 / 技能	知识与技能	1. 熟悉产品生产全流程 2. 熟悉生产设备操作知识 3. 熟悉公司产品的生产线管理规范、质量体系要求 4. 熟悉 U8 操作系统 5. 熟悉 5S 标准与实施 6. 能够熟练全现场的管理 7. 熟练掌握人力资源管理的知识，如精准选人的理念、人才画像的方法、绩效面谈等，并能教练他人 8. 熟悉财务知识：财务报表、预算管理等 9. 熟练掌握计划与目标制定的 SMART 原则及 5W2H 方法 10. 熟练掌握并运用安全管理各项规定
结果管理	5S 现场管理	1. 能够指导、监督下属对 5S 管理标准的执行 2. 能够推行 5S 与现场效率改善结合，推行效率浪费消除活动和建立自动供料系统，充分解决生产现场拥挤混乱和效率低的问题 3. 能够监督车间人员按照安全规范进行作业，并跟进安全隐患改善情况
	生产计划管理	1. 能够根据生产计划拟定工厂的生产目标，进行工厂年度、季度、月度生产计划，及时下达落实 2. 按照质量和工艺要求贯彻生产计划，以确保生产目标的达成 3. 根据经营目标及生产计划，主导制订工厂产能计划、物料整合、合理调配人力与设备资源，组织实行、监控实施

(续)

任职标准	标准项	生产经理
结果管理	生产质量管理	1. 能够独立处理生产过程中的突发事故 2. 能够发掘生产过程中的质量隐患，提出改善方案，并跟踪改善结果 3. 能够跟进车间生产计划的实施情况，确保生产计划的完成
团队管理	选对人	1. 掌握部门岗位人才画像 2. 能够了解部门人员配置状况，在上级的指导下，制定部门年度人力资源规划 3. 能够对部分人员的岗位任用给出合理性建议，将合适的人放在合适的位置上
团队管理	激励人	1. 理解公司的愿景和目标，能够描绘公司愿景 2. 能够了解团队他人思想动态并进行有效的引导，帮助他人
团队管理	评估人	1. 全面理解公司素质能力标准与相关人员的岗位业绩要求 2. 能够对部门成员做出准确的"高中低"判断 3. 参与人才盘点会议，对下属做出公平公正的评价 4. 能够根据人才盘点结果淘汰本部门不合适的人员
团队管理	发展人	1. 定期与下属进行面谈，主动关注下属的需要，给予支持，帮助相关人员在实践中提升 2. 了解团队需要提升的方向与内容，主动进行自我改进，并为团队发展提供建设性意见

第三步：选拔轮岗对象

在集团层面发布了职位等级体系和相应的任职标准后，下一步就可以明确岗位晋升和发展通道的框架。通过人才盘点，集团选拔出第一批符合标准的中层干部9人。选择的标准主要是：业绩达到合格标准，人才盘点结果2以上，业绩连续2年达到合格及以上，且都具备持续奋斗的精神。按照最初计划，其中6人开展了目标岗位计划，另外3人是在盘点过程中被确定为后备梯队人才的，同样被作为重点培养对象，让其承担重要岗位的工作。

第四步：制订轮岗计划

为确保培养效果，同时将轮岗计划对日常工作的影响降到最小，人力资源部门邀请拟轮岗岗位的周围伙伴参与了计划的制订，并从中选择拟轮岗岗位的上级作为带教的上级。带教上级的职责为在后续活动中持续指导轮岗对象学习相关知识、技能，结合该岗位上的任职资格标准，为其制订明确培养计划，确保培养对象有明确的指引，如图5-1所示生产主管张祥轮岗生产经理的发展计划，同时结合在实践中培养、培训和自我学习计划等方法将轮岗计划落实到位。

张祥轮岗人员2019年度计划

姓名：张祥　　　　　　　导师：李翔
轮岗岗位：生产经理　　　填报日期：2019年2月10日

第一部分：工作安排

序号	工作内容	时间跨度	完成标志	备注
1	在生产总监的指导下完成半年度生产计划	2019.2.15～2019.6.30	完成指标值	
2	牵头完成"品质100"质量提升计划	2019.3.1～2019.6.30	产品一次检验合格率提升30%	
3	引进2位生产管理人才	2019.3.1～2019.6.30	入职并通过试用期	

第二部分：培训与学习计划

序号	培训内容	时间跨度	完成标志	备注
1	培训分享生产计划和生产质量管理各3次	2019.3.1～2019.6.30	培训完成	
2	带教一位内部中级技师具备晋升主管资格	2019.3.1～2019.6.30	通过任职资格认证	
3	参加财务管理培训，通过相关认证	2019.4.1～2019.6.30	通过认证	

图 5-1　轮岗计划示例

第五步：执行并跟踪轮岗计划

为了确保轮岗方案正常落地，公司为每个培养对象配备了成长导师——一般情况下为轮岗岗位的直线经理，帮助其更好地适应岗位的工作内容。当然，在这个过程中，导师需要有一定的包容度，遇到培养对象犯错的情况应及时帮助纠正。通常情况下，每个月末带教上级都会与培养对象进行一次正式的面谈沟通，借以回顾其知识、技能的学习情况，并给予问题分析，滚动制订新的计划。

第六步：评估轮岗结果

在轮岗计划实施了接近一年的时间节点，人力资源部开始组织相关部门对轮岗人员整体的表现进行评价。在这一年中，有2位培养对象因为各种原因中途退出，剩下的4位接受了包括述职、绩效评估、360度评估、上级面谈等形式的考查，最终有3位得到了认可，在集团和分公司的综合管理中都发挥了重要的作用，另外1位继续维持原有岗位。

这次的轮岗整体上是成功的，当然对于其中3位没有达到最初预期的培养对象，结果是比较遗憾的。但在过程中，带教上级和原上级、人力资源部门甚至是公司领导都多次与他们进行了充分而坦诚的沟通，对他们遭遇的一些挫折和困难给了很多建设性的意见，对最终结果也有充分的包容度。这些行动被公司上下共同见证，使得后续参与轮岗的培养对象们没有太多的后顾之忧，也更加珍惜机会。

从星洲现任管理人员培养案例中可以看出，轮岗的有效操作，保证了管理人员的3倍速成长，也变相地增加了组织的活力。当然，在轮岗落地实施的过程中需要注意以下几大原则。

第一，轮岗工作的整体安排。轮岗应该制订具体的计划，包括明确轮岗的时间、轮岗目标、考核标准、轮岗风险评估及轮岗工作协调机制等一系列内容。

第二，制定轮岗工作线路图。线路图一般包含几大关键节点：确定岗位轮换机会及对应的人选计划、轮岗工作的沟通计划、制定工作交接清单等。

第三，轮岗前的沟通是人才识别与培养工作的一部分，但员工个人也有其职业生涯规划。如果事前没有沟通，只是管理者一厢情愿地制定员工未来发展路线图，最后很有可能无法使双方找到最终结合点，造成资源的浪费。

第四，轮岗的工作交接和业务培训。相关人员应确保各项资源完全移交，确保各项工作的交接者清楚了解项目进度。如果不及时对当事人进行相关培训，人员对岗位可能出现的问题缺乏预见性和解决措施，会出现业绩下滑、效率降低、工作混乱、人才流失等现象。当然，企业对于非人为原因造成的失败要有一定的包容性，因为失败也是一种成长方式。

外派充电学习

为了持续跟上企业发展速度，中层管理者在面对类似组织战略举措发生变化的新挑战时，需要突破的一大瓶颈是学习新知识、新方法及掌握新技能，如表 5-7 所示。如企业出现新的产品线、新的市场领域、新的客户群体、复杂的区域环节和更多的竞争对手时，过去总结的经验虽不可或缺，新的视角和知识点输入也必不可少，这样才能更快地抓住机遇，实现知识和视野的突破。

表 5-7　某公司中高层管理者面临的新挑战和学习方式（部分）

战略举措	组织能力	关键岗位	岗位能力要求	学习项目	学习形式
新增门店3家	渠道拓展	渠道规划与拓展部部长	渠道规划	渠道拓展课程集训	外派学习
			渠道分析		
			谈判技巧		
推进新的五年战略	市场洞察力	中高层管理者	市场洞察力	行业及市场信息	外派学习
	战略一致性		战略共识能力	战略共识研讨	外部引进引导师

此时，企业可选择外派现任管理人员及时充电学习。引入外部学习资源也是一种非常好的策略，如购置优质的线上学习资源、引进外部课程进行企业内训等。从全面激励的角度看，对于精挑细选出的价值观高度相符、能力较强且潜力巨大的优秀现任管理者来说，外派充电学习无疑是一种非常有效的激励方式。由于企业支付了成本，培养对象会尽可能多地吸收知识，企业可要求其从应用的角度去学习，更能有效地促进其3倍速成长。在这方面，德锐咨询自身的实践取得了良好的效果。

持续外派学习拉动德锐合伙人3倍速成长

作为一家过去8年实现37%复合增长率的人力资源管理咨询公司，德锐咨询持续增长的撒手锏是产品研发、市场营销、生产运营三驾马车构成的皇冠模型（见图5-2）。

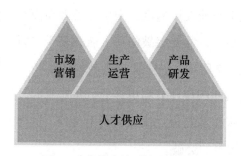

图5-2 德锐咨询"皇冠模型"

正是因为"先人后事"的理念在德锐咨询内部根深蒂固，人才供应成为三驾马车的不竭动力。"人才是德锐最宝贵的财富"已成为全员共识。一方面，持续招聘、精准招聘、全员招聘在外部供给端提供源源不断的输入，为人才供应链提供高潜、优质的来源；另一方面，每次项目实践、每次培训、每次会议都是德锐不放过的人才培养实践机会。

尤其是2019年以来，德锐咨询业务迅速发展，对人才需求极度迫切，公司加大了外派学习力度。外派人员涉及项目总监、项目经理等，合计支出占到利润的比例逐渐从 8% 快速上升到 12% 以上,甚至 30% 以上(见图 5-3)。这一数字,在公司为长远发展而储备人才的近几年,仍将继续增长。作为培养的重点,多名年轻的合伙人在公司业务长远发展的需求引导下,被外派进入商学院持续学习。在德锐咨询确定了数字化转型战略后,创始人和年轻合伙人均高价外出学习相关课程。这些课程也让这些培养对象的管理知识和专业知识获得提升,同时在成长中也获得更多的自信,而这些学习成果也在以隐性或显性的方式助力德锐的发展。

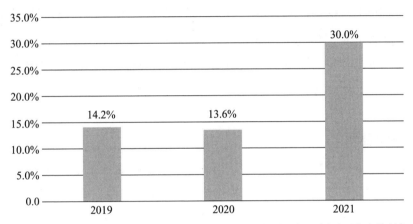

图 5-3　德锐咨询 2019～2021 年外派学习投入占利润的比例(不完全统计)

在一次分享会上,公司董事长李祖滨说道:"在德锐咨询,你不用担心自己成长不快,因为公司每月每天、每时每刻都在内部搜索着可培养及可提拔的对象,几乎是'拔苗助长'式的培养,只要还有一根丝,都要向上拔,如果拔断了,打个结接上,还要继续往上拔。"德锐咨询以几近浪费的方式进行人才培养投入,不断提高公司人才杠杆率,以 5 年、20 年的长远发展作为公司的根本利益追求。

德锐这种激进的人才培养方式并不是个例。华为、宝洁、阿里巴巴等优秀的公司都在这样做。需要重点强调的是,外派充电学习的关键是承接战略和公司发展需要,而不是个人的兴趣和需要,培养对象需将所学知识真正地应用于工作实践，助力提升组织能力。

　　针对中层干部这一特殊群体，无论在培养对象还是在培养方式的选择上都与其他群体有明显区别。但在培养的过程中，培养对象的导师和其他群体（如人力资源部）一样，都发挥着不可替代的作用。区别在于，对于现任管理者而言，导师对其辅导的重点是不断提升他们持续奋斗的精神，并在轮岗、处理挑战性的工作任务、外派学习等过程中为其赋能，提升其解决问题的能力。而人力资源部的责任在于搭建良好的体制让现任管理者涌现，持续推进定期的人才盘点活动，发现高潜力的骨干，挖掘他们共性的培养需求，并安排相关的外出培训活动，建立完善的轮岗机制和人才培养计划机制，让人才培养逐渐变为稳定的组织能力，进而确保现任管理者源源不断地成功转型为优秀管理者及未来的高管后备。

■ 关键发现

- 3倍速培养现任管理者的关键在于选择业绩达标且有"持续奋斗"精神的培养对象，并关注其先公后私、聪慧敏锐、成就动机、学习突破和团队协作的特质。
- 现任管理者经过系统轮岗后更容易成为全面的将才，但企业需要为他们精心设计轮岗路线和计划。
- 让现任管理者保持持续奋斗状态的关键在于，让其在工作中找到"心流"状态，热爱所做的事；管理者本身具备一定的技能，对做的事有主控的能力；工作任务有挑战性，但不会太有挑战，难度微微超过当下的能力；要有阶段性的反馈和奖励；要有明确的目标，并且让其知道大致的步骤。
- 外派学习充电能够让优秀的现任管理者快速弥补在新知识、新技术、新的管理理念及方法等方面的不足，也能快速弥补整个组织在这些方面的不足，是高效的培养方法。

Triple Speed Talent Development

第 6 章

新进管理者安全着陆

第五级经理人具有双重人格：平和而执着，谦逊而无畏。

——吉姆·柯林斯

从人才供应链的角度看，30% 的中层干部从外部引进获得，10% 的高层团队是从外部引进的。之所以是 30% 和 10% 的比例，原因在于：一方面内部培养的团队更稳定；另一方面从外部引进的人员存活率较低。为什么需要从外部选择？基层干部的人员不提倡外部获得，因为内部培养的成本更低，而一定比例的中高层人员需要从外部获得，是要发挥外来人员的"鲶鱼效应"或补足组织当前能力短板，尤其是组织在战略转型期、技术突破关键阶段、管理变革阶段或多元化发展阶段，引进外来管理人员不失为企业变革和重塑组织能力的一服良药。根据哈佛商学院的调研，外聘 CEO 在战略转型的第一年业绩虽然会差一点，但是长期业绩会更好，股东总回报提升 9.2%，而原来的 CEO 只能提升 4.6%。

所以，不能"一朝被蛇咬，十年怕井绳"，认为空降管理者存活率低而选择将合适的人员拒之门外。解决此类问题的关键在于精准选择合适的人，找到着陆的风险点并创造新进管理者软着陆的环境，给新进管理者充分发挥价值的空间。

容易忽视的着陆风险

在引进外部管理者时，企业容易想当然地认为成熟的外部管理者是不需要培养的。这种"成熟人才不需要培养"的认知误区，本质上是忽略了外部引进人才的两个重要着陆风险点：文化冲突与期望冲突。

就像两种不同的"血型"相遇，文化的冲突往往是新进管理者面临的第一个难题。新进管理者一般会形成比较复杂的、带有个人成长色彩的"三观"或价值信条，而企业内部管理者会基于共同的经历形成比较一致的、共同奉行的、具有自家味道的文化准则，不同文化背景的管理者共事容易诱发文化冲突。最为明显的表现在人际冲突方面，比如急于证明自己的"三把火"烧得过猛，平行部门的消极、冷漠对待导致工作难以推进等。

第二个难题，企业家很容易对外部引进管理者产生"过快"的业绩预期和"过高"的能力预期。"过快"可能表现为缺乏耐心、不愿意等待，希望新进管理者来之即战，战之即胜；"过高"则体现为将历史难题一股脑儿抛给新进管理者，理所当然地认为高薪聘请的外部人才无所不能。进入一家新的企业后，新进管理者同样也会经历兴奋期、震惊期、调整期和稳定期四个心理阶段，如图6-1所示。随着对企业的深入了解，当新进管理者发现很多事情并非之前想象或宣传那样美好时，就会产生巨大的心理落差。面对新进管理者的心理落差，企业如果不能提前识别并着手解决，就会很快陷入由于其融入障碍导致的困境。

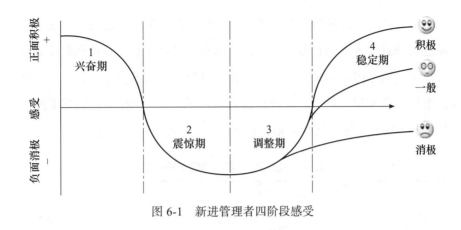

图 6-1　新进管理者四阶段感受

新进管理者 3 倍速培养模型

以上两类冲突，成为新进管理者融入顺利与否的关键，因此企业需要充分考虑合适的新进管理者选择标准。当下的商业文化中，企业家容易出现"冲动""非理性"的挖角行为，存在过于关注冰山上的光环，而忽视了冰山下的素质与价值观的现象。比如，过于关注潜在引进对象过去的企业平台，而忽视了对候选人本身的关注；过于看重过去业绩，而忽视了未来发展潜能；过于关注冰山上的光环，而忽视了冰山下的素质与价值观。企业在选人时的"光环效应"随处可见，这往往会混淆候选人原来的平台体系与个人能力的关系。殊不知，越是成熟有序、规模领先的企业，组织、体系所发挥的价值越大，越需要判断其本人的素质与能力。

能否精准找到合适的新进管理者直接决定了其后期能否胜任以及被培养的可能性。德锐咨询基于项目实践研究，淬炼新进管理者 3 倍速培养模型，如表 6-1 所示。

选择外部新进管理者，除了看重已有的成功管理经历，我们更加强调未来的融入性和成长性。从未来可成长性的需求看，冰山上有成功的团队管理经历，冰山下除了前文所提到的先公后私、聪慧敏锐、成就动机、学习突破、团队协作外，还需要特别具备谦虚开放的特质。在外部新进管理者融入着陆过程中，人力资源部、导师和直线经理都发挥着重要作用；培养内容将聚焦于企业文化与价值观、战略规划与目标、产品体系与运营流程、公司制度规范及新的人际关系。对应常用的在实践中培养的方法有：融入之旅计划、建立人际关系和鼓励发挥优势。

表 6-1 新进管理者 3 倍速培养模型

管理者来源	培养值得培养的人			有培养能力的人来培养	培养能够培养的能力	在实践中培养
	冰山上	冰山下	筛选条件			
新进管理者	成功管理经历	1. 先公后私 2. 聪慧敏锐 3. 成就动机 4. 学习突破 5. 团队协作	谦虚开放	1. 人力资源部 2. 导师 3. 直线经理	1. 企业文化与价值观 2. 战略规划与目标 3. 产品体系与运营流程 4. 企业制度规范 5. 新的人际关系	1. 融入之旅计划 2. 建立人际关系 3. 鼓励发挥优势

成功的管理经历是冰山上筛选条件

企业处于不同的行业、不同的发展阶段，拥有不同的商业模式、发展战略和企业文化，因此对外部引进管理人员的特质有着不同的要求。正如华为公司认为"大仗、恶仗、苦仗"一定能出干部的观点一样，拥有成功的管理经历是选拔新进管理者的必要条件，也是快速解决问题、取得信任的基础。根据企业所处的发展阶段不同，成功管理经历需求的侧重点也不同，笔者提炼出了新进管理者需要具备的成功经验如表 6-2 所示。

根据一份联合调研报告显示，在受访的 373 位中高端人才中（以管理人员为主），111 位没有离职计划，128 位计划在一至两年内离职，113 位希望在一年内离开所在企业。一边是蠢蠢欲动的候选人，一边是拒绝录用频繁跳槽人选的企业，其背后除了对稳定性问题的考量，根本的原因在于频繁跳槽的管理者很难沉淀系统、深入的管理经验。短周期频繁流动的候选人可以说是"见多识广",但至于为什么是这样的管理体系、如何形成的管理体系、体系背后的价值取向、如何有效实施这样的管理体系等一系列问题对于候选人来说简直是"盲区",正所谓"见过"不等于"建过"。

表6-2 新进管理者成功管理经验

序号	管理经验	解释	具体事件描述
1	扭转局面	临危受命,扭转困难的局势,并最终取得成功	并购与重组、推动变革、大规模裁员、处理重大危机、协调复杂的人际矛盾、解决老大难问题等
2	遭遇挫折	部门管理中经历了重大的失败与错误	市场份额下降、资金链断裂、重大质量安全事故、大规模员工离职等
3	晋升扩展	获得职级提升,或者职责权限扩大,增加新的工作内容	管理额外的项目或工作,负责更重要的部门、负责新的部门、从技术岗位提拔到管理岗位等
4	从0到1	发起或参与创新活动,或新业务开拓	开发新产品、服务,将业务拓展到新市场,筹建新公司、工厂、门店,从零开始搭建新的机制、流程、体系等
5	团队管理	带领团队打胜仗的经验	组建新的团队、激励团队、培养团队、带领团队完成挑战性目标、帮助团队解决难题等
6	跨部门管理	跨部门完成工作任务	跨部门流程梳理、推动组织变革、推动行动学习任务的完成等

所以,在引进外部管理者时,企业更多的是要把握那些"知其然亦知其所以然"的候选人,这样才能在环境变化的情况下帮助组织调整实施策略、方法和节奏。那么,如何考查成功的管理经历呢?企业可以结合上述提到的关键成功经历匹配现在及未来的需要,在甄选环节可以采用行为事例面试法则,通过结构化的追问深挖候选人过去真实情境下主导成功的管理提升项目,确认候选人解决问题的能力,从而识别成功的管理经历。

谦虚开放是冰山下筛选条件

吉姆·柯林斯研究发现，具备"谦逊与意志"双重人格的第五级经理人，正是公司跨越优秀、成为卓越的关键。入选《财富》500强的11家实现跨越的公司中，它们的首席执行官创造出杰出的业绩，但却具有令人折服的谦逊；对照案例研究中，2/3以上的公司走向毁灭或持续平庸，共同点是拥有才华横溢而又以自我为中心的领导人。谦逊是一种与新的观念、环境、关系进行融合的智慧。作为全球高级领导者教练领域的权威，马歇尔·戈德史密斯说过："没有屡试不爽的方法。"（what got you here won't get you there！）这句话强调了成长的背后是以开放的心态保持谦逊、突破精神，避免固化、拘泥于过去的经验和打法。

对新进管理者来讲，更是如此，他们面临的是新的工作环境和工作伙伴，需要得到新伙伴的支持与包容。若是以自我为中心、性格傲慢、故步自封的方式开展工作，就不会得到帮助，工作无法有效开展，甚至带来更多的抱怨，直接面临无法安全着落的风险。

谦虚开放作为能够培养但不易培养的素质，建议企业在选人时将其作为门槛条件重点考查。结合上述新进管理者的用人标准，企业在招聘时应严把招聘入口，降低培养过程中的难度，具体可参照表6-3新进管理者人才画像。企业可以通过行为事例提问、通过深度追问判断、通过性格测评来佐证，以环环相扣的方式，识别合适的新进管理者，确保新进管理者具备安全着陆的条件。

表6-3 新进管理者人才画像卡

冰山上	1.本科及以上学历，专业不限 2.成功的管理经验	
冰山下	考查项	精准提问话术
	先公后私	请分享，为了成就团队或他人，改变个人行为习惯的事例
		请分享，你成功抵挡较大诱惑，维护集体利益的事例
		请分享，你曾经为了完成工作目标而做出的最大个人牺牲的事例

(续)

考查项		精准提问话术
冰山下	聪慧敏锐	请分享，你快速领会他人意图并带来积极成果的事例
		请分享，你比其他人更早、更快发现的一个问题或失误
		请分享，你临场快速反应，缓和矛盾、打破僵局的事例
	成就动机	请分享，你给自己设定的有挑战性的目标并且成功实现的案例
		请分享，在学习或工作中，你认为最有成就感的事情
		请分享，你设定别人觉得不可能实现的目标，为之付出巨大努力的例子
	学习突破	请分享，你通过自己学习并运用到工作中解决实际问题的例子
		请分享，你带领团队学习实现业绩突破的事例
		请分享，你接受新任务或进入新岗位时，快速掌握新技能的事例
	团队协作	请分享，你通过跨部门协作推进工作完成的事例
		请分享，你主动与一个很难相处的人达成合作的事例
		请分享，你与他人合作完成具有挑战性的任务
	谦虚开放	请分享，你因他人有效建议而获得成功的事例
		请分享，你事后发现自己做错并深刻自省的经历
		请分享一个最能体现你谦虚的事例

聚焦值得培养的能力

在"3倍速培养模型"中，选对了合适的人只是前提，即培养值得培养的人。从投入产出角度看，并非所有的能力都是值得投资和培养的。因此，在新进管理者培养上，企业要聚焦对于胜任岗位至关重要且可以改变的能力。我们发现为了更顺利着陆，新进管理者需要在短时期内掌握企业文化与价值观、战略规划与目标、产品体系与运营流程、企业制度规范及新的人际关系等，概括起来主要有两类：认知层面和人际层面。

认知层面：增进了解与信任

认知层面主要是解决"学习期"的信息不对称问题和文化认同问题。

认知既包括软性的、硬性的，也包括积极正面的、消极困难的。软性的方面，主要是指企业的愿景、使命、价值观，这是每家企业带有独特"味道"的东西，抽象而又不能被轻易理解和认可；硬性的方面，是指企业的业务规划、运作模式、产品体系、管理体系等，这些是企业成文的或隐性的运行规则，是新进管理者不可回避的学习内容。

现实中，企业存在的真实问题，短期内候选人是难以掌握或全面掌握的。因此，企业在向新进管理者抛出橄榄枝的时候，除了传递积极正面的信息以建立合作的愿景，更要敢于通过正式的渠道分享企业遇到的实际问题和困难，从而为更为坚实的合作奠定信任基础。

人际层面：打开工作局面

如果说认知层面是新进管理者融入的宏观内容，那么人际层面则是新进管理者融入的微观要求。认知层面像是组织运行的规则和网络，人际关系则像网络上的每一个交汇点。在部门内部能否获得真正的权威认可，即在团队内部建立起个人影响力而不是职位赋予的权力，是新进管理者面临的第一个人际难题；从价值链或流程角度看，获得横向协作部门的支持是至关重要的，否则所在部门就容易沦为流程运行的障碍点。无论团队内部权威的建立，还是横向部门协同支持，都离不开良好的人际关系支撑。因此，我们要关注新进管理者的团队沟通能力、横向协作能力，将新进管理者真正地"扶上马"，避免令其陷入人际关系的孤岛而迟迟难以打开工作局面。

新进管理者安全着陆四步法

根据全球知名职业转型指导专家迈克尔·沃特金斯教授的研究，中层管理者成功跳槽的盈亏平衡点实现周期是 6.2 个月（见图 6-2）。对企业总体而言，新进管理者的"学习期"（前 3 个月）是价值消耗阶段,同期其他相关"网络关系岗位"都进入过渡阶段。在过渡阶段,企业要及时从多维度、多角色、多节点、多方式全面帮助新进管理者加速融入,尽快实现向价值创造转变,达到职业转换(此处是指"跳槽")的盈亏平衡点,这个阶段直接决定其能否经得起考验。总的来说,实现新进管理者安全着陆分为四个步骤(见图6-3):真诚相待,增进认知;建立关系,避免孤岛;合理预期,赢得突破;全面评价,加速着陆。

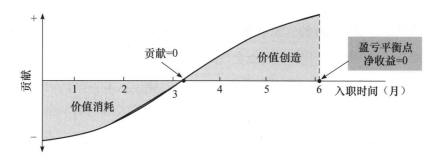

图 6-2　职业转换盈亏平衡点

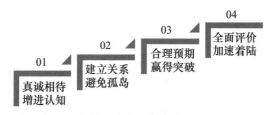

图 6-3　新进管理者安全着陆"四步法"

第一步:真诚相待,增进认知

就像年轻的恋人一样,在结识初期尽己所能表现出最优秀的一面,恋爱后期或婚姻阶段的失败率比较高。在新进管理者加入初期,企业家和候选人都善于将自己最优秀的一面展现出来,达到彼此吸引的目的,并未将真实的一面展示给彼此,最终会引发不切实际的预期。造成这种局面其中最为关键的原因就是缺乏真诚,由于信息不对称,双方掩饰了原本存在的深层的问题。因此，在新进管理者刚刚进入企业后，需要双方真诚相待，采取有效措施和方法增进互信，帮助双方建立相互的认知能力，避免因为信息的不对称带来的不必要障碍。

1.文化浸染激发认同

短期内，新进管理者一方面对于企业的愿景、使命、价值观难以拥有深入的理解，就像血型、味道一样需要投入时间寻求匹配与合拍；另一方面，新进企业的业务规划、运作模式、产品体系、管理体系等会存在差异性，就像熟练的驾驶员进入一个新的城市没有清晰的导航也会寸步难行一样，新进管理者很可能会在新的环境中迷路。

企业文化看不见、摸不着而又内涵丰富，像一只无形的手影响着员工的言行。文化浸染会激发文化的认同，文化认同会促进行为的合拍。企业文化的深植要避免停留在课堂宣贯上，需引入具有沉浸式、参与式、场景式的新方法、新工具，促进文化的浸染更加鲜活、文化的影响更加深刻。例如，企业一把手通过对企业使命、愿景的解读，引导新进管理者构建自己的"愿景宣言"，通过仪式化的活动将自己的行为、追求置于企业的愿景之中；通过标杆、榜样的演讲与分享，以"现身说法"的方式传递企业中的正能量或文化准则；以听觉、视觉的引导，激发学员以关键主题为导向，进行"企业印象"的绘画创作、摄影摄像，从而实现新进管理者主动参与、主动输出对于文化的理解；参与企业管理层重要会议，掌握企业最真实全面的管理信息，并组织管理层"裸心会"等团建活动，积极帮助新进管理者了解彼此。

万达学院：音乐拓展会

为解决新进管理者融入问题，万达学院曾巧妙地将企业故事、音乐拓展活动有机结合，收集企业发展过程中的员工故事，邀请相关人员进行音乐创作。

最后，新进管理者在融入员工故事的音乐会中倾听歌词，寻找有趣、真实的员工故事。寓教于乐中，这些员工故事成为万达文化落地的重要载体之一。

2.打通运营的脉络

除了文化的浸染与认同，企业也要关注"看得见"的内容。发放《员工手册》《产品手册》等是比较常见的、经济的方式，但未必是高效的方式。

在战略规划的分享方面，企业一把手要亲自参与分享，通过高度、深刻地呈现战略形成的背景、思维和过程，让新进管理者清晰企业的发展方向和关键路径。通过对企业运作模式的了解，新进管理者能够在企业的运行体系中明确自身的位置和上下游接口。产品方面，产品经理以场景化、故事化的方式分享产品的定位、特性、生产流程以及市场竞争力。管理体系方面，企业的核心规章制度、行为规范等是将来影响新进管理者管理活动的关键影响因素，企业一把手可以通过"案例说法"的方式更加直观传达，帮助新进管理者树立严格的制度意识和规则意识。

3.呈现真实的问题

问题是客观存在的，只是企业在不同阶段存在问题的领域、问题的多寡、问题的严重程度有所区别。企业要主动向新进管理者展示真实情况。在入职培训后，新进管理者往往会听到"黑历史"、员工牢骚，看到不好的现象，如管理不规范等。在解读吉利控股集团的"问题文化"时，李书福说道："发现问题是好事，解决问题是大事，回避问题是蠢事，没有问题是坏事。"与其让新进管理者通过非正式渠道获得夸大的、片面的问题信息，引发震惊、失落甚至怀疑、放弃，企业家更应该敢于向新进管理者分享当前的真实情况。如果坦诚告知企业真实情况后，新进管理者"认为不能接受或不能解决"而选择离开，那么对企业来说，这也是及时止损。因此，企业家不必"犹抱琵琶半遮面"，遮掩企业自身的问题。另外，只有在真实情况的认知基础上，新进管理者才会做出更加合理有效的预判和工作计划。

4.兼容并蓄的融入

经过以上1～2周的融入期，新进管理者得以摸清着陆环境，理解企业文化内涵，熟悉企业运行规则与行事风格，并基于真实的情况建立全面的认知，进而有效调整自己的未来预期、行为方式和工作计划。新进管理者若具备谦虚开放的心态，就更容易做到在对现行的文化、规则、人员表示尊重的同时，又敢于突破自己过去的思维、经验，实现价值观、行事风格、经验的融入。这种打法的兼容并蓄，在很大程度上避免了信息层面的冲突。

第二步：建立关系，避免孤岛

根据创新领导力中心（CCL）的一项研究，"73%的空降兵主动离职是由于与企业融合的不佳，其中不到1/4的空降兵曾得到上级对其融入组织的支持。"企业中扑朔迷离的人际关系网，往往也是新进管理者能否真正融入、顺利开展工作的关键影响因素。为了避免新进管理者陷入人际孤岛，我们认为进入部门、协作部门是创建人际关系的两个重要突破口。

一般而言，引入外部管理者，无形中抢占了苦熬多年的老员工的晋升机会，而他们的共同特征就是跟随企业征战多年，熟悉企业的运营规则，高度忠诚，只是能力、格局方面跟不上企业的发展要求。所以，新进管理者天然面临来自部门内老员工的设防抵触，老员工对新的管理者、新的管理方式、新的管理理念不接受、不配合也在意料之中。另外，企业经营活动是由多个价值流串联起来的，新进管理者带领的团队或部门是否能够获得有效的业绩还取决于上下游协作部门。因此，我们建议可以按照下述"三步走"的方式理顺团队内部及团队之间的关系，帮助新进管理者找到建立人际关系的方向。

第一步：为新进管理者寻找一位有影响力的引路人。分管领导或企业家一把手都是最合适的人选。通常，引路人就是新进管理者的思想导师，可以为新进管理者与团队的融合创造有利条件。引路人是那些在企业内部并非依靠行政职务而是依靠独特人格魅力产生影响力的人。之所以选择这类人，是因为一方面，他们的引导更能获得他人认可与支持；另一方面，引路人基于过往的成功经历，能够深入关注关键细节，确保新进管理者能够在重要环节符合企业的融入要求。为确保经验丰富的外部管理者成功融入，思念食品的总裁、创始人甚至让"原有的团队靠边站"，这也促使思念食品在管理变革期间成功地导入了欧美企业的营销管理和生产管理体系。

第二步：创造跨部门理解互信的机会。比如，相互邀请平行部门新进管理者参加本部门的重要工作会议。这种方式既能让新进管理者了解上下游协同部门的工作内容、工作需求，又增进了相互之间的情感链接，为克服团队间的协作障碍，为平行部门管理者自我认知、相互认知提供了机会。又如，新进管理者可以采用管理者读书会、团队协作工作坊形式，探索团队协作的突破点，提升团队建设的质量。

第三步：创造机会激发新进管理者全局意识和利他精神。俗语"罚上立威，赏小取信"，而刚被任命的管理者容易用力过猛，急于树立管理威信，对于执行不到位的、提出异议的、拒绝服从的老员工甚至存在特殊关系的"皇亲国戚"的处理，往往寄希望于"杀鸡儆猴""团队换血"。威信的前提是信任，只有获得团队成员的情感信任、能力信任，才有可能树立真正的威信。因此，在导师面谈环节，引路人需要提示新进管理者常怀利他之心，善于倾听；要了解团队员工的困难与需求，并给予真诚关心；帮助团队成员提升并在公开场合给予相应的尊重和表扬，不断拉近心理距离；建立相互信任的基础，为融入企业赢得坚实的群众基础。作为新进的部门管理者，需将部门工作纳入企业整体运行之中，明确本部门对于上游部门的需求是什么？本部门对下游部门的输出是什么？从利他角度而言，如何让上游部门清晰了解自己的需求并有效配合？如何让自己的输出能够更好地服务于下游部门？在新进管理者融入的过程中，导师需要通过个人发展计划、导师面谈，甚至是创造性活动等方式进一步激发新进管理者的全局意识和利他精神。万达学院的"巅峰对决"活动在这方面具有积极的标杆作用和借鉴意义。

巅峰对决

被称为"高管培养发动机"的万达学院，为解决空降管理者的部门协同问题而设计了一项"巅峰对决"活动。

针对过往发生的上下游部门协作的真实痛点，学院组织撰写为培训案例。在这项活动中，相关部门负责人需要互换冲突角色，鼓励参与者为对方进行辩护。其实，这是一种巧妙的机制设计，通过模拟冲突场景、角色互换辩护，激发新进管理者从他人角度出发思考的意识。

通常，进入之后的前3个月，是新进管理者人际关系建立的最佳窗口期。无论内部原有团队的融入，还是平行部门的协作，都是不可忽视的关系圈建设范围。人际关系建立成功与否，在很大程度上决定了新进管理者成功融入的可能性。

第三步：合理预期，赢得突破

忽视融入问题的企业家，希望新进管理者能够快速产生业绩，具体什么时间实现、达到什么样的业绩标准，他们自己可能也没有一个明确的答案。新进管理者容易陷入"新官上任三把火"的冲动泥淖。换言之，企业家对于引进外部管理者出现了"双过"预期。因此，解决企业家和新进管理者双重的期望冲突非常关键，需要双方进行深度沟通，激发优势，创造价值。

深度沟通：激发优势，创造价值

之所以花费重金引进外部管理者，往往是因为企业面临的问题积重已久，已然成为亟待解决的痛点。这时更不能操之过急，企业家要以激励而非考验的方式去包容、激发新进管理者。冷眼旁观、压重担子只会增加着陆风险、冲击信任基础。同时，新进管理者要以理性的思维，合理评估企业现状和资源情况，寻找能够发挥优势的价值空间，通过赢得早期的业绩（early wins）获取信任，建立自身的影响力。

《绩效使能：超越OKR》[一]一书揭示，自主、胜任、关系是基本心理需求，与绩效的产出存在正相关联系。高自主取向的人倾向于感知外在环境的积极方面，视环境为一种支持性条件。当企业家或间接上级更愿意信任、授权时，新进管理者感知到的自主性更高。根据"自我效能感"理论，个人对自己完成某方面工作能力的主观评估结果将直接影响一个人的工作动机。因此，企业在新进管理者擅长的领域寻找突破口，更能激发自信、提升胜任感。关系需求，指的是人们渴望拥有一种相互尊重、彼此信赖的感觉。专业研究揭示，领导—成员交换（leader-member exchange，LMX）质量越高，领导者和管理者之间呈现相互信任、尊重和忠诚的程度也越高，新进管理者的目标挑战性就更强，如图6-4所示。

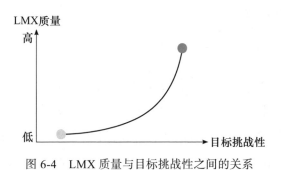

图6-4 LMX质量与目标挑战性之间的关系

若前3个月的融入比较顺利，企业家或者思想导师可以创造一个

㊀ 此书由机械工业出版社出版。

与新进管理者深度沟通的机会，就进入企业后对其所负责领域的问题进行系统回顾，并初步列出未来3个月的工作目标与计划。在深度沟通中，企业家或思想导师要与新进管理者进行开诚布公的交流，就双方观察到的问题达成共识，给予信任，鼓励其发挥价值优势，明确企业可以提供的资源支持和业绩预期。通过激发新进管理者自我计划、自我承诺，就像加满油对于车辆能抵达目的地一样，企业应满足新进管理者的基本心理需求，以合理的业绩、时间预期，激发其做出自主可控的业绩承诺和行动计划，以"小胜法则"帮助新进管理者逐步赢得突破。

第四步：全面评价，加速着陆

对企业来说，引进外部管理者涉及的无论是直接成本、间接成本还是机会成本都比较高，因此要把握好试用期这个融入考查的最佳时机。在评价过程中，及时调整着陆过程中的问题，帮助其更好地适应企业。"价值消耗"期间，新进管理者的文化认同、人际融入成为重点，企业可通过日常行为事例观察新进管理者所具备的素质特征；"价值创造"期间，则通过明确、共创的早期业绩目标及实现情况，客观评估新进管理者的能力大小及迁移情况。

"四多"实现立体化融入评价

沃尔玛、西门子等诸多优秀企业，都会为新员工（含管理者）设置融入计划。在融入计划中，企业致力于多维度、多角色、多节点、多方式全面帮助新进管理者加速融入，并在过程中做好全面的评价、跟踪和反馈工作。其中，人力资源部门作为主导部门负责前期调研、方案设计、宣贯培训和推动执行，企业家、高管、平行部门管理者、思想导师需高度参与实施，具体实施计划如表6-4所示。

表 6-4 新进管理者考核评价表

考核阶段	考核内容	时间节点	考核方式
初期评价	企业文化	培训结束后	书面考试
	管理规范	培训结束后	书面考试
	企业难题沟通	第1个月	导师面谈
中期评审	文化融入	第3个月	360度评估
	人际关系	第3个月	导师观察
	业绩计划	深度沟通（第3个月）	自主制定与导师面谈
转正评审	人际关系、文化融入、业绩评估、能力评估	第6个月	360度评估与转正述职

从融入计划的实施进程看，"价值消耗期"的第 1～2 周是学习的关键阶段。企业培训部门要通过多种方式方法，让企业家、高管、核心骨干等参与文化活动，让新进管理者尽快学习企业的业务规划、产品体系、运营体系、管理体系，摸清着陆企业的环境全貌。在前3个月里，新进管理者需要加速建立人际关系圈，避免陷入人际孤岛。在此期间，人力资源业务合作伙伴要每周关注新进管理者融入情况并将信息及时反馈给导师，导师则每个月要与新进管理者做一次发展面谈，关注新进管理者的心路变化，答疑解惑。通常，在"价值消耗"期结束之前，即融入期的第3个月末，可以让平时交集密切、接触更多的下级、平级、直线经理和导师参与评价，即围绕素质项、文化认同、人际融入，对新进管理者进行360度评估，然后在评估的基础上做集体评议，如发现新进管理者关键素质不合适且难以改变的，要提前结束劳动关系以及时止损。如果新进管理者通过"中期评审"，则要做一次正式的发展面谈，就新进管理者的优势、待提升点、下一步工作建议等做全面的反馈。

同时，企业家或思想导师要与其做一次深度沟通，就如何在"价值创造"期的早期业绩突破命题上达成明确的共识。在后3个月内，要及时关注新进管理者的业绩目标实现情况，并提供合理范围的支持。临近转正节点，人力资源业务伙伴需要组织企业家、高管、导师参加新进管理者的转正评审会议，综合考查其素质能力、工作能力和业绩实现情况。而试用期转正成功，则标志着新进管理者初步融入成功，实现了在企业内部的安全着陆。

总之，我们认为企业在发展过程中要根据自身需求适时引进外部管理者，作为企业人才供应链建设的新鲜血液补充。选择合适的新进管理者是安全着陆的前提，企业应重点关注冰山上的管理经历和冰山下的素质潜力，尤其是新进管理者是否具备"谦虚开放"的特质。在新进管理者加入的前6个月，企业要重点通过认知、人际、业绩、反馈四条线全面帮助新进管理者安全着陆。但这并不意味着对新进管理者后续的发展过程中不做培养，后续仍然需要像对待现任管理者一样根据其具体的特质加强培养，确保其更上一层楼，发挥更重要的价值。

■ 关键发现

- 认知误区背后，隐藏了两个重要的着陆风险点：文化冲突和期望冲突。
- 成功的管理经历是选择外部管理者的必要条件。
- 谦逊是一种与新的观念、环境、关系进行融合的智慧。
- 认知层面，主要是解决"学习期"的信息不对称问题和文化认同问题，既包括软性的、硬性的，也包括积极正面的、消极困难的。
- 认知层面像是组织运行的规则和网络，人际关系则像网络上的每一个交汇点。
- 在过渡阶段，企业要及时从多维度、多角色、多节点、多方式全面帮助新进管理者加速融入，尽快实现向价值创造转变，达到职业转换的盈亏平衡点。
- 文化浸染会激发文化的认同，文化认同会促进行为的合拍。

- 人际关系建立成功与否，在很大程度上决定了新进管理者成功融入的可能性大小。
- 企业家对于外部引进管理者出现了"双过"预期。
- 企业家要以激励而非考验的方式去包容、激发新进管理者，冷眼旁观、压重担子只会增加着陆风险，冲击信任基础。

Triple Speed Talent Development

第 7 章

像做销售计划一样做培养计划

> 如果公司的收入增长速度持续快于人才的补给速度，将不能建立起一个卓越的公司。
>
> ——惠普创始人戴维·帕卡德

人才培养是一项中长期工程，培养一位合格的中层管理人员可能需要 3～5 年。在做人才培养计划时，企业需要基于人才供应链做人才供给方式的决策。古语有云："兵马未动，粮草先行。"人才就如同粮草，需要在战争启动前就准备妥当，这样当战争发动时才不会无人可用，即达到人才供应的最佳状态。在 2020 年新冠肺炎疫情暴发且 2～3 月空调销售几乎为零的幽暗时期，格力电气仅 2 月就亏损了 200 亿元，却依旧大幅度引入 5000 名新员工。格力电器董事长兼总裁董明珠接受采访时表示，制造型企业必须靠自主创新才能保持优势，而自主创新就一定要有人才，而人才必须靠企业自己培养，即便这个培养要用十年八年才能完成。人才的培养要有延续性，如果三年不招大学生，可能就断层了，所以这个付出也是必须的！

从 1987 年创业时的"十几个人，七八条枪"到 2013 年全球职工总数达到 14.6 万人，华为公司的人才供应模式经历了几个阶段。1998 年，华为一次性从全国招聘了 800 多名毕业生，这是华为第一次大规模招聘毕业生。2001 年，华为到全国著名高校招聘最优秀学生，当时华为口出狂言："工科硕士研究生全要，本科的前十名也全要。"最终招聘了 5000 多人，同时，借助 2001 年全国最大规模的招聘，华为声名鹊起，当年的招聘活动也被媒体誉为"万人招聘"。此后，华为每年都维持上万人的校园招聘规模。为了尽早将顶尖优秀人才纳入企业进行培养，华为更是在 2016 年推出"天才少年计划"。正是这种在用人方面的大胆储备和提前布局，华为有了充足的人才，可以每年输送大量华为铁军至全球各地开疆拓土，并在各个技术尖端领域不断取得突破创新。

国家五年人才规划的核心和关键是发挥人才对于高质量发展的驱动价值，如何用好管好那些可以推动高质量发展的人才以实现人才对企业战略发展的引领和支撑作用。人才规划的重要性映射到企业更是如此，而现在多数企业只做销售计划，对人才规划呈现出粗放式特点，如只在人才数量上提出总的需求，却不像做销售计划一样将人才质量的提升（即人才培养计划）真正落实在细节处，特别是针对中层管理人才梯队的规划。人才规划作为滞后性的指标支撑着内部运营的实现，坚实的中层管理团队更是影响着业务的持续增长。

驱动战略的 3 倍速人才培养计划

中层管理干部作为人才供应链的腰部力量，越是咬合战略越能支持业务的发展，人才的杠杆价值就越突显。动态关注人才数量与质量的变化，及时制订人才培养计划，更好地支撑业务发展的具体步骤如图 7-1 所示。

图 7-1 人才数量培养计划五部曲

战略与组织分析

人力资源管理工作不能脱离业务，对于人才规划更是如此。随着企业未来战略及业务发展目标的确定，企业发展的必备举措和关键人才要求也随之明确。例如，华为在开展年度战略规划时，不仅会明确三年期和一年期的战略目标，还会在此基础上进一步明确为实现战略目标需要打造的组织能力以及与之相匹配的组织架构。这种做法让其人才数量与质量计划、规划更有方向，更符合业务的发展需求。

中层管理人员需求规划

在战略与组织分析的基础上，企业可开展相关人员的需求预测。整体人才需求预测的方法可以参考《人才盘点：盘出人效和利润》一书。尤为关键的是对中层管理人员的需求预测，从来源的角度考量，在进行针对管培生、优秀业务骨干、新进管理者和现任管理者的需求预测时，企业需做出以下考量。

- 管培生：按照优秀人才供应链逻辑，60%的中层管理者来自基层培养，依据未来3～5年的中层干部需求量，同时参考人员的流失率、自然淘汰率可测算出1～5年的管培生数量。在此过程中，企业可借用人才盘点工具对管培生进行年度筛选以保持组织活力，并确保对管培生的需求量进行动态调整。
- 优秀骨干：根据业务线的发展要求，测算出对关键业务条线人员的需求，同时结合过往人员流失率、自然淘汰率、人员储备比例储备量推算出优秀骨干转型管理人员的规划，不断向管理团队输送人才。

- 现任管理者：在战略明晰的基础上进一步明确对现任管理者质量要求及其与目标需求的数量差异，作为盘点现任管理者的基础与参考。
- 新进管理者：结合战略与组织分析及现任管理者数量与质量的现状，明确管理者人才缺口，参考优秀人才供应链的企业中层干部30%来自外部选择，高层管理者10%来自外部选择的参考标准，进行新进管理者的需求规划。

人才数量盘点

人才数量盘点的重点在于企业人效分析，如人均净利润、单位人工成本产出率、管理人才晋升率和关键人才流失率。对于中层管理者群体，管理人才的晋升率尤为关键，因其反映了人才供应链的健康程度，也是人才培养的关键考量点。针对管理人员的人才结构，企业应着重分析其质量与企业战略的匹配度，同时要考查是否有充足的管理人员支撑业务的发展；还要分析管理人员的管理幅度是否在合理的范围之内，避免因管理幅度过小而出现的官僚化及决策效率过低的情况，或者因管理幅度过大而出现的管理人员无法胜任的情况；分析管理人员的年龄分布，避免关键层级人员因年龄过大而出现的奋斗激情减弱的情况，同时要提前储备好管理人员后备力量，保持人才的活力与竞争性。

人才质量盘点

德锐建议企业应根据需要的关键组织能力，针对不同的群体设计不同的素质能力标准，如管培生着重盘点先公后私、聪慧敏锐、成就动机、学习突破、团队协作和大胆自信；对现任管理者需要重点关注先公后私、聪慧敏锐、成就动机、学习突破、团队协作和持续奋斗，以及在不同成长阶段要求的其他素质能力，如领导激励、团队管理等。与此同时，企业应借用人才盘点九宫格对管培生和现任管理者做好人员分类管理，针对2类及以上的人员，做好个人发展计划，对于不合适的人应及时将其剥离组织。

结合以上四个基于战略进行的人才分析步骤，可以动态地看到一个公司内部管理人员的流动情况。图 7-2 展示的是 F 公司管理人员人才供应链。

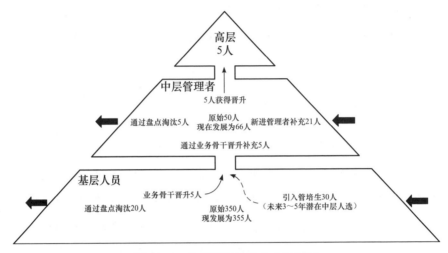

图 7-2　F 公司管理人员人才供应链

注：F 公司为一家每家保持 30% 增速，年营业额 3 亿元的制造业。

人才培养计划

基于人才数量盘点和人才质量盘点的结果，企业可进一步明确人才选聘计划及人才培养计划。针对不同的群体，企业应采用不同的培养方式。

对企业来说，更有意义的是，作为非重要非紧急的事情，企业有必要结合企业五年战略目标制定企业所需要的人才培养计划，包括引进管培生、培养优秀骨干、培养现任管理者以及引进外部管理者，制订明确的计划，坚实打造企业中层管理干部团队，进而驱动战略落实。表 7-1 是 F 公司五年人才培养计划。F 公司不断增加中层管理者的人才密度，实现了第一年 50 人管理数量的变化到第五年 167 人的目标。在此基础上，F 公司制订了清晰的人才培养计划，具体到每月做的关键动作有哪些，同时通过 PDCA 循环，定期追踪、检视计划与实际的差距状况，确保人才培养计划的有效落地。

表 7-1　F 公司基于战略的五年管理人员规划

时间 来源	第一年	第二年			第三年			第四年			第五年		
	现有存量	上年存量人选成功转变为中层管理者的人数	新进人数	现有存量	上年存量人选成功转变为中层管理者的人数	新进人数	现有存量	上年存量人选成功转变为中层管理者的人数	新进人数	现有存量	上年存量人选成功转变为中层管理者的人数	新进人数	现有存量
管培生	30人	0人	35人	53人	0人	40人	79人	15人	45人	93人	25人	50人	100人
业务骨干	30人	5人	6人	30人	7人	9人	31人	10人	12人	32人	15人	15人	30人
新进管理者	42人	21人	45人	45人	22人	45人	46人	23人	50人	50人	25人	45人	45人
现任中层管理者	50人	经优化/晋升后剩余人数	补充人数	存量	经优化/晋升后剩余人数	补充人数	存量	经优化/晋升后剩余人数	补充人数	存量	经优化/晋升后剩余人数	补充人数	存量
		40人	26人	66人	56人	29人	85人	72人	48人	120人	102人	65人	167人

注：1. 管培生进入企业之后接受 3～5 年的培养才能达到中层管理者的任职资格要求，4～5 年后，由管培生转为中层管理者的数量将逐年增多。
2. 业务骨干中会有一小部分人在接受管理能力的培养后，被发展为中层管理者，每年业务骨干的新增人数会呈现递增趋势。
3. 新进管理者：由于文化冲突与现实震荡的存在，新进管理者融入企业比较困难，因此每年新进管理者的留存率相对较低。

让人才培养计划像销售计划一样落地

《中国独角兽企业研究报告2021》显示,销售出身的创始人占比达到37%,这一比例仅次于技术出身的创始人占比。该数据一方面表明,即使在技术愈发重要的当今,销售出身的人员成为一把手也更具优势;另一方面说明,企业一把手普遍对销售格外重视,并认为这类群体才能成就企业的销售业绩增长。因此,一把手亲自参与到大客户的营销活动中,对于企业定位的细分市场和目标客户保持充分的耐心,投入时间、费用等资源培育未来市场和潜在客户,从而在时机成熟之际收获沉甸甸的订单的现象也就不足为奇。

一个组织的销售目标需要从企业一把手到分管销售的负责人再到提供人才支撑的人力资源部门等多方角色,从上到下全面、高度关注及坚定不移地推动销售执行才能实现。基于此,作为驱动企业战略目标和人才发展战略落地的人才培养计划,一方面应该清晰、严谨,即应明确培养阶段、培养主题、培养目标、关键活动、培养形式、衡量指标和参与角色等的衔接与交互,以确保达到人才培养的结果性指标;另一方面,不同的角色,如企业一把手、直线经理和人力资源部,需要分别思考并履行自身的角色要求和关键动作安排,要以推动销售计划落地一样的心态去推动人才培养计划的执行。如表7-2所示,针对不同的培养对象有必要设置明确的培养计划。而在执行培养计划的过程中,一把手、直线经理和人力资源部的角色也不能缺失或错位,否则将影响培养计划的实施效果。

一把手坚持人才培养的长线投资

人才培养成就伟大企业,为企业的长远发展架起一座坚固桥梁,一把手要以战略的眼光重视人才培养,以长期主义精神坚持人才培养的长线投资。具体而言,一把手在人才培养计划落地过程中可从如下方面着手。

表 7-2 新进管理者培养计划表（示例）

序号	培养阶段	时间	培养主题	培养目标	关键活动	培养形式	衡量指标	参与人
1	文化融入阶段	3月1～5日	文化浸染与认同	理解企业文化，认同企业文化	使命、愿景、价值观的解读	一把手宣讲企业使命、愿景	"愿景宣言"与企业愿景的匹配	一把手
2					企业价值观的故事演绎	标杆/榜样"现身说法"	课堂测试通过率	现有管理层
3					公司战略方向及制定逻辑的分享	一把手分享战略背景、过程和目标方向	提3个深度思考的问题	一把手
4		3月8～10日	打通运营脉络	理解公司战略规划、产品体系、制度规范体系和运营流程	公司产品特性、客户定位、生产流程、市场竞争力的宣讲	相关人员以场景化方式呈现产品定位、故事化特性、竞争力和生产关键工艺	"我为新产品代言"活动得分	产品经理 生产经理 市场经理
5					公司关键制度规范宣讲	制度培训，《员工手册》自学	考试通过	HR
6		3月11～12日	呈现真实问题	解决信息不对称，明确留任意愿	主动介绍企业当前的现状	导师面谈	完成情况介绍	导师
7					询问新进管理者的困惑	导师面谈	困惑解决消除	导师
8					探寻新进管理者留任意愿	导师面谈	新进管理者留任意愿度	导师

(续)

序号	培养阶段	时间	培养主题	培养目标	关键活动	培养形式	衡量指标	参与人
9	关系建立阶段	3月15日~5月31日	理顺团队关系	帮助新进管理者职业转换后建立(上下纵向)和横向人际关系	明确"引路人",为新进管理者护航	思想导师关注、面谈	明确师徒关系	导师
10					横向部门的理解互信	相互参加部门工作会议团队工作坊	工作价值流程图及交付要求	横向部门经理
11					激发全局意识、利他精神	团队角色测评与解读 夸奖下属 巅峰对决	完成对下属的3次赞美 符合团队精神决策	新进管理者
12	中期评审阶段	6月1日~5日	中期评审	评价融入	360度评估/人员访谈	素质测评/导师面谈	素质测评合格率	HR/导师
13	业绩突破阶段	6月9日~8月20日	合理预期下、早期业绩突破	解决问题证明能力	深度会谈	导师面谈	早期业绩计划	导师
14					给予适当支持	导师面谈	合理资源协调支持	导师
15	转正评估阶段	8月21日~22日	转正评估	评价是否通过试用期	转正述职/素质测评	述职/360度评估	转正评估得分情况	导师/HR

- 以战略优先级投入为培养提供预算。每一个财年即将结束之时，财务系统除了投入精力做好决算工作之外，更要投入精力并结合未来发展需要做好组织条线部门的预算工作。人才培养作为企业人才供应链的内部"造血"系统，其预算不应列为"劣后级"投入，而应作为战略优先级投入。企业一把手应意识到人才培养是"赢在未来"，真正坚持人才培养的长线投资。

- 营造"先种树后乘凉"的培养文化。从细分市场来看，潜在客户和部分现有客户很难在当期为企业带来可观的销售收入，但仍是需要企业未来争取的、能带来丰厚利润的目标客户群。一般而言，培养收益需要用3～5年的时间才能看得到，因此企业一把手要以"先种树"的视角来培育人才，创造人才培养的文化氛围，确保真正将人才培养置于重要位置，让中层管理者成为未来企业复制、扩张与并购的关键力量，从而获得"乘凉"的长期收益。

- 像主导大客户营销一样主导中层管理者培养。外部客户是企业内部财务指标实现的源头，因此企业一把手经常会亲自挂帅上阵，主导并投入大部分精力到针对大客户的营销活动中。值得一提的是，链接客户、服务客户需要优秀的、对公司产品与服务认同的人才。因此企业一把手应亲自参与针对中层管理者的培养活动，遵从"领导发展领导"的哲学理念，实现人才培养能力的向下复制。

  （1）重视管培生的培养。参与管培生招聘的关键环节，如校园宣讲会、入职培训等，以及优秀管培生的选拔与任用过程。

  （2）关注优秀骨干培养。参与优秀骨干的选拔、面谈与发展过程。

  （3）督促现任管理者进步。参与现任管理者的选拔、面谈与发展，对不合适的现任管理者果断淘汰。

  （4）包容新进管理者的成长。用愿景吸引新进管理者，关注新进管理者融入的过程，参与新进管理者的培养过程。

直线经理抓住一切机会培养人才

通用电气之所以成为"CEO 的摇篮",是因为它搭建了一整套包含高层领导的承诺和参与、人才选拔体系、培训体系和实践锻炼在内的坚实架构。无独有偶,类似的体系也出现在华为。华为之所以成长为优秀的企业,原因可以用任正非的观点阐明:"关键在于我做到了把一大群优秀人才黏在了华为。"华为认为只依靠少数最高层的管理者进贤是不够的,公司各级职务的领导者都是领袖,都要进贤。这就意味着在华为内部只有进贤和不断培养接班人的人才能成为领袖,才能成为公司各级职务的接班人。例如:"高、中级干部任职资格最重要的一条就是能否举荐和培养出合格的接班人。"类似的要求还有:"不能培养接班人的领导,在下一轮任期时应该主动引退。"在两个机制约束的情况下,所有不能进贤的干部,或者只是自己尽力的干部,都被替换下来了。华为就是通过这样的机制来强调领导"仅仅使自己优秀是不够的,还必须使自己的接班人更优秀"。只顾自己优秀的领导不能担任高、中级干部,其自身也不能成为公司各级职务的接班人。

培养中层管理者的责任主体是直线经理,不能承担培养重任的直线经理人不是合格的管理者。直线经理在人才培养计划落地方面,需要充分夯实主体责任。

- 高标准用人。中层管理者的第一角色是领导者,而领导者的成功体现为能够驱动团队的成长和发展,这也是领导者区别于"工兵"的关键。企业发展更依赖领袖以及能够引领组织发展的人才,因此直线经理人要严格按照公司的标准招聘人才,引进那些至少比现有团队优秀 20% 的人才。另外,在中层管理者的成长过程中,直线经理人应确保其个人的成长速度不低于企业发展的要求,应提高工作标准,倒逼员工成长。对于那些暂时跟不上组织发展的人才,直线经理人要及时指出、提供辅导,帮助其提升。对于那些真正跟不上组织发展的人，企业要做到及时替换，以保持组织的活力，激发留任员工持续奋斗的热情。

- 抓住一切机会大胆培养人才。优秀的销售人员从来不只是一个"思想家"，更是一个具有敏锐嗅觉的"猎手""行动派"，为了销售目标，往往可以做到处处是营销，即抓住一切机会销售。同理，直线经理人作为人才培养主体，除了要具备培养下属的意识和内在动机，还需要捕捉每一个可以培养下属的机会，小到带领下属参加会议、撰写会议纪要，大到解决公司层面的管理事宜等，这些都是培养人才的绝好机会。

（1）关注日常工作。对于遇到困难的下属，直线经理人应及时给予关注，并引导下属自己找到解决问题的办法，不做替下属"背猴子"的管理者。

（2）日常关心辅导。直线经理人应关注培养对象的发展计划，及时跟进落地实施情况，真正将培养计划落到细节与实处。

（3）基于人才培养的人才任用。直线经理人应敢于对合适的人进行任用，如赋予其挑战性任务、扩大工作职责、轮岗，并包容这个过程中可能因培养对象不胜任带来的损失。

直线经理需要真正将人才培养视为工作职责的一部分，自主自发地培养中层管理者，并乐于帮助企业迈向"良将如潮"的阶段。

人力资源部动态关注人才培养

人力资源部在人才培养中发挥着不可替代的作用，担负着主导构建完整的人才培养机制的责任：建立值得培养对象的标准、匹配合适的人才培养方法、监督培养方案的落地、为导师赋能以及建立人才培养出池标准。表 7-3 给出了更为具体的内容。

表 7-3　人力资源部在人才培养中的职责

人才培养前	人才培养中	人才培养后
1. 主导构建管培生人才画像 2. 主导构建管理者任职资格 3. 主导构建新进管理者人才画像 4. 明确导师选拔标准 5. 协助制定管培生学习地图 6. 协助制订个人发展计划 7. 构建人才盘点机制 8. 职位等级体系与晋升标准	1. 组织管培生训练营 2. 组织新进管理者培训 3. 赋能导师 4. 组织公司级培训 5. 跟进人才培养计划实施	1. 人才出池计划 2. 制订人员晋升计划 3. 制订人员淘汰计划

- 人才培养前。确保选到值得培养的人，做到这一点的前提是有明确的选人标准，包括：管培生人才画像、新进管理者人才画像、适用于业务骨干和现任管理者的任职资格标准。明确标准的意义：一方面确保选择的前提方向没有偏差；另一方面可以为培养对象明确发展方向。人才培养前，企业还应明确导师选拔标准，确保让有培养能力的人来培养。此外，人力资源部需协助直线经理制定管培生的学习地图和个人发展计划，提供组织层面可以提供的资源，进一步构建人才盘点机制，并确保人才选拔标准执行时的客观、公平、公正。最后，人力资源部要明确企业发展的职位等级体系与晋升标准，因其本身对培养对象来说就是一种激励。本书此前的章节对这些标准已有详细介绍，这里不再赘述。值得注意的是，为确保贴近业务实际，这些标准应由人力资源部牵头组织，公司和部门配合确定，而不应由人力资源部单方面确定。

- 人才培养中。人力资源部在人才培养过程中更多承担的是组织协调和推动工作，如需要组织推动管培生训练营、新进管理者培训以及组织企业层面的管理人员培训，过程中还需关注导师的胜任度，为导师赋能，推动过程，并跟进人才培养计划的落实。有些企业会将这些职能放入企业大学或其他部门，但是无论职能划分如何，都不能缺失。此外，人力资源部可根据过程中的人才培养指标,如阶段考核通过率、高管授课完成率、实践培养项目比例、导师面谈执行率、人才流失率、人才绿化率等判断人才培养的效果,并及时做好人才培养动作的调整。

- 人才培养后。不同的培养对象有着不同的关键培养周期。培养周期完成后,人力资源部需要有明确的人才出池计划,对于人才盘点绩优的培养对象,要做好人才晋升或挑战性的岗位计划,对于人才盘点结果不合格的培养对象要剥离出人才培养池,甚至淘汰,做到及时止损。

综上所述,为确保人才培养计划这项工作能够长期平稳有序进行,人力资源部应牵头制订年度人才培养计划,动态关注人才培养的效果。一般而言,人才培养结果类指标可以是人才梯队继任度、战略工作胜任度、关键岗位人才充足率、高潜人才晋升率等直接指标,也可以是人均销售收入、人均利润、单位成本销售收入、单位成本利润额等间接指标。通过对这些指标的监控与动态调整,确保从人才质量到企业发展质量的系统提升,达成人才培养的终极目标。

远眺百年,企业的初心不忘便是崇高使命;中瞰十载,企业的奋力前行便是宏伟愿景;近观眼前,企业的斩钉截铁便是战略选择。企业当年目标乃至未来百年使命的实现过程需要脚踏实地,而脚步的"稳"很大程度上源自人才培养的"实"。总之,驱动战略目标的人才培养计划的落实,直接影响着企业目标能否顺利实现,因此,一把手、直线经理和人力资源部缺一不可。

■ 关键发现

- 人才培养成就伟大企业,为企业的长远发展架起一座坚固的桥梁,更是企业销售目标完成的深层次驱动要素。
- 企业一把手要以战略高度优先级的眼光重视人才培养,以长期主义精神坚守人才培养的长线投资。

- 直线经理要抓住一切机会培养人才,是人才培养真正的主体。
- 人力资源部在人才培养中发挥着不可替代的作用,担负着主导构建完整的人才培养机制的责任:建立值得培养对象的标准、匹配合适的人才培养方法、监督培养方案的落地、为导师赋能以及建立人才培养出池标准。

参考文献

[1] 李祖滨，汤鹏. 聚焦于人：人力资源领先战略 [M].2 版. 北京：电子工业出版社，2020.

[2] 李祖滨，汤鹏. 人效冠军：高质量增长的先锋 [M]. 北京：机械工业出版社，2021.

[3] 李祖滨，刘玖锋. 精准选人：提高企业利润的关键 [M]. 北京：电子工业出版社，2018.

[4] 李祖滨，陈媛，孙克华. 人才画像：让招聘准确率倍增 [M]. 北京：机械工业出版社，2021.

[5] 李祖滨，汤鹏，李锐. 人才盘点：盘出人效和利润 [M]. 北京：机械工业出版社，2020.

[6] 柯林斯. 从优秀到卓越 [M]. 俞利军，译. 北京：中信出版集团，2019.

[7] 柯林斯，波勒斯. 基业长青：企业永续经营的准则 [M]. 真如，译. 北京：中信出版集团，2019.

[8] 杨国安. 组织能力的杨三角：企业持续成功的秘诀 [M].2 版. 北京：机械工业出版社，2015.

[9] 卡普兰，诺顿. 平衡计分卡：化战略为行动 珍藏版 [M]. 刘俊勇，孙薇，译. 广州：广东经济出版社，2013.

[10] 拉宾. 如何在组织内有效开展导师制：世界 500 强企业广泛践行的人才培养系统 [M]. 刘夏青，刘白玉，译. 北京：中国青年出版社，2018.

[11] 王国春，王建敏，周诚. 从生力军到主力军：打造应届毕业生快速成长体系 [M]. 广州：华南理工大学出版社，2020.

[12] 华为大学. 熵减：华为活力之源 [M]. 北京：中信出版集团，2019.

[13] 拉姆勒, 布拉奇. 流程圣经：管理组织空白地带 [M]. 王翔，杜颖，译. 北京：东方出版社，2014.

[14] 况阳. 绩效使能：超越 OKR [M]. 北京：机械工业出版社，2019.

[15] 沃特金斯. 创始人：新管理者如何度过第一个 90 天 [M]. 徐卓，译. 北京：中信出版集团，2016.

[16] 张磊. 价值：我对投资的思考 [M]. 杭州：浙江教育出版社，2020.

[17] 曹仰锋，于鸣. 民营企业高层管理团队"空降兵"内部化的过程和机制 [J]. 管理学报，2012，9（11）：1581-1592.

[18] 李祖滨. 把握新员工的心理周期 [J]. 建材与装饰（上旬刊），2009（1）：46-47.

[19] 陈肖妤. 论组织中的人际信任与制度信任 [D]. 南宁：广西大学，2020.

[20] 段晓梅. 规模经济理论与企业规模化扩张关系研究 [D]. 郑州：郑州大学，2007.

[21] 王传福. 比亚迪：自己培养世界顶级人才 [J]. 国际人才交流，2010（12）：13.

[22] 马艳敏. 企业管理培训生选拔培养初探 [J]. 人才资源开发，2018（18）：69-70.

[23] 宋德玲，杜静文. 基于人力资源管理职能的企业管理培训生项目分析 [J]. 北华大学学报（社会科学版），2018，19（4）119-124.

[24] EFFRON M, ORT M. One page talent management[M]. Brighton：Harvard Business Press，2010.

[25] 张雪梅，姜尧鹏. "甘特图"管理视角下企业硕士管理培训生发展路径 [J]. 继续教育研究，2019（1）：79-84.

[26] 汪相奎. Y 公司管培生流失调查及管理流程优化研究 [D]. 合肥：安徽大学，2019.

[27] 朱卫康. 国企后备人才管培生项目的实践研究 [J]. 集成电路应用，2020，37（7）：58-60.

[28] 长城战略咨询. 中国独角兽企业研究报告 2021[R]. 北京：长城战略咨询，2021.

[29] 领英，怡安翰威特. 2019 人才流动与薪酬趋势报告 [R]. 北京：领英中国，2019.

[30] 笔记侠. 思念食品王鹏：为了招一个人，我买了一个工厂 [EB/OL].（2020-11-30）[2021-06-10]. https://www.sohu.com/na/435413430_358836.

[31] 贺乾明，程曼祺. 对话华为鸿蒙掌舵人王成录：真正的第一，是掌握在自己手里的第一 [EB/OL].（2021-03-01）[2021-07-08]. https://mp.weixin.qq.com/s/0aCvTiYAbQaJ-AxHRChstQ.

[32] 曾双喜."空降"的艺术：如何让空降管理者"软着陆"？[EB/OL].（2021-10-07）[2021-11-03]. https://mp.weixin.qq.com/s/j9e__-xiJ8LTHmxQMo3uGA.

[33] HRoot. 投资于人：打造未来的人才供给线 [EB/OL].（2017-10-25）[2021-08-02]. https://mp.weixin.qq.com/s/Zm53x41KYWniCyhoxWXvGA.

[34] IOTD 研究院顾问. 新商业格局下的企业增长和人才发展趋势 [EB/OL].（2021-04-19）[2021-11-07]. https://mp.weixin.qq.com/s/dmUrhKGufeT3DcbwD_NEwg.

[35] 联合利华. 管理培训生项目 [EB/OL].[2021-11-03].https://careers.unilever.com/china.

[36] 湖南三一工业职业技术学院. 三一培训中心简介 [EB/OL].（2019-05-10）[2021-08-09]. http://m.sanyedu.com/site/syyg/559/info/2019/7108.html.

德锐咨询
人才领先战略系列丛书

ISBN	书名	作者
978-7-111-62897-2	重构绩效：用团队绩效塑造组织能力	李祖滨 胡士强 陈琪
978-7-111-64298-5	找对首席人才官：企业家打造组织能力的关键	李祖滨 刘玖峰
978-7-111-65619-7	人才盘点：盘出人效和利润	李祖滨 汤鹏 李锐
978-7-111-66986-9	人效冠军：高质量增长的先锋	李祖滨 汤鹏
978-7-111-68974-4	人才画像：让招聘准确率倍增	李祖滨 陈媛 孙克华
978-7-111-70895-7	3倍速培养：让中层管理团队快速强大	李祖滨 李锐
978-7-111-74113-8	双高企业文化：让企业文化简单有效	李祖滨 刘星 刘刚
978-7-111-65512-1	数商：工业数字化转型之道	顾建党 俞文勤 李祖滨